KB274124

인생을 건 공부

인생을 건 공부

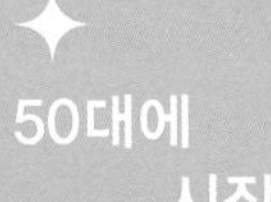

50대에
시작해

억대 연봉
기술사에

합격하기까지

임정열 지음

위즈덤하우스

공부는 나를 찾는 일이었다

프로이트는 말했다. 평생 할 일이 있는 사람은 행복하다고. 그는 인생을 지탱하는 두 가지 축으로 '일과 사랑'을 언급하며, 일을 통해 사랑의 감정을 꾸준히 가꿔나가는 사람이야말로 행복한 사람이라고 보았다. 무엇이 삶을 떠받치고 있는지를 함축적으로 보여주는 말이 아닐까 생각한다. 사람에게 일이란, 가족과 사회라는 울타리 안에서 서로 기대고 부대끼며 자기 자리를 찾아가는 과정이라고 말하고 싶다. 우리는 사회의 구성원으로서 일을 통해 자신의 존재를 확인해간다. 일은 단순히 경제적 소득을 얻기 위한 수단에 그치지 않는다. 사람은 일을 통해 자기 가치를 확인하고 성장해 나간다.

이 책을 통해 내가 하고 싶은 말이 있다면, 그것은 바로 '일'이다. 나는 내 이름으로 이 대지를 딛고 일어서고 싶었다.

내 이름으로 일할 수 있기를 소망했다. 비록 넘어지고 무릎 꿇어야 하는 현실일지언정 이 세상 속에서 다른 사람들과 함께 기대고 어울리며 나의 가치를 인정받고 싶은 간절함이 나로 하여금 넘어져도 다시 일어설 용기를 가져다주었다.

내 이름으로 서기 위해 내가 택한 것은 '공부'였다. 아니, 공부를 택할 수밖에 없었다고 말하는 편이 더 정확할지도 모른다. 나이 많은 여자였고, 전공도 아닌 분야에 도전해야 했으며, 처한 상황 또한 공부에 최적화된 조건과는 거리가 멀었다. 그럼에도 한 가지는 분명했다. 해야 한다는 마음이었다. 더는 미룰 수 없다는 절박함, 이대로는 안 된다는 감각이 나를 붙들고 놓아주지 않았다. 간절한 바람은 사막에도 우물을 낸다고 했던가. 그 간절함은 막연한 희망에 머물지 않고, 하루를 버티게 하는 힘이 되었고, 다시 책을 펼치게 하는 에너지가 되었다.

세상을 살아오면서, 공부하는 과정에서 나는 두 가지 질문에 집중했다. 왜(why)와 어떻게(how). 그중에서도 반드시 선행되어야 할 것은 '왜'였다. 왜 나는 공부하려 하는가. 이유를 알아야 출발할 수 있기 때문이다. 가장 먼저 떠오른 답은 '살기 위해서'였다. 경제적인 문제를 해결하기 위한 수단으로 공부를 택했다. 하지만 한 번 더 되짚어보니, 그것이 전부는 아니었다. 먹고사는 문제만 놓고 보면, 공부가 아니어도 살아갈 길은 분명 존재했다. 조금 더 깊이 내면을 들여다보자, 결국 귀착점은 다른 곳에 있었다. 나는 나의 존재 이유를 찾고 싶었던 것이다. 공부는 그 답에 다가가기 위한 하나의 몸짓이었고 일련의 과정이었다.

'왜'의 문제가 해결되면, 그다음으로 남는 것은 '어떻게'다. 왜에 대한 답을 얻은 사람은, 어떻게에 대해서도 스스로 길을 찾을 수 있다. 공부를 어떻게 해야 하는가에 대한 정답은 없다. 사람마다 생김새와 취향이 다르듯, 공부의 방식 또한 저마다 다르기 때문이다. 나는 나만의 길을 찾기 위해 쉼 없이 문을 두드렸고, 그 과정에서 수없이 넘어졌다. 시행착오 끝에 비로소 나에게 맞는 공부 방식을 찾아내었고 목표에 닿을 수 있었다.

나는 인생을 한 폭의 그림이라 생각한다. 이른 봄날, 구름처럼 피어난 벚꽃의 하얗고 투명한 수채화 위에 여름을 견디며 타들어갈 듯 태양을 삼킨 뜨거움이 얹히고, 가을의 전령으로 처연히 피어나는 과꽃의 깊고 오묘한 자줏빛이 서리처럼 내려앉아 스며든다. 그렇게 계절을 건너, 마침내 수정처럼 빛나는 수빙의 화려함이 절정을 이루어 하나의 작품으로 태어난다.

작은 화폭 안에는 기쁨과 고통, 그리고 눈물이 알알이 박혀 있다. 나는 그 소박한 그림을 가슴으로 그리고, 마음속으로 상상하며 살아간다. 물감을 대신해 인생의 눈물로 그려진 무채색의 도화지 위에 좌절하고 절망했던 순간들은 과연 어떤 농담의 색으로 남게 될까, 그리고 그 절망을 끝내 건너온 색은 어떤 빛으로 드러나게 될까.

산다는 것은 목표기 훤히 보이는 단거리 경주가 아니었다. 모퉁이를 돌고, 깊은 계곡을 건너, 산굽이를 한없이 오르며 또 올라가도 끝이 보이지 않는 길을 홀로 걷는 일에 가까웠다. 그렇게 꾸역꾸역 걸어가다 다시 새로운 길 앞에 서게 될 때, 방황하고 갈등하는 사람들의 심정이 무엇인지 나는 너무도 잘 안다. 두려움에 한 발 더 내딛을 용기를 잃고, 세상에 홀로 버려진 듯 기댈 곳 없는 외로움과 씨름하는 것이 얼마나 쓸쓸한지도 말이다. 나는 그 이야기를 써내려갔다.

세상을 향해 나의 이야기를 꺼내는 일은 주저와 걱정, 망설임을 동반했다. 그럼에도 어디선가 숨죽이며 남몰래 눈물 짓고 있을지 모를 또 다른 엄마와 아내들, 삶의 모퉁이에 주저앉아 지쳐 있을 이 땅의 가장들, 그리고 어디로 가야 할지 몰라 흔들리는 수많은 젊은이들에게 나의 부족한 이야기가 용기 하나라도 건네줄 수 있기를 바라는 마음으로 이 글을 세상에 내놓는다. 이 이야기가 오늘을 딛고 다시 한 걸음 내딛게 하는 작은 불씨가 되기를.

CONTENTS

1장

공부는 절박한 사람의 무기였다

: 삶의 끝에서 시작된 인생 역전의 기록

내 인생에 당연히 펼쳐질 것이라
믿었던 편안하고 안전한 길이
어느 날 흔적도 없이 사라졌다는
사실을 깨달았을 때,
바로 그 순간이야말로
남의 길이 아닌, 나만의 길을
새로 만들어야 하는
창조의 시간이다.

이건 눈물이 아니라, 빗물이야

"인생은 초콜릿 상자 같은 거란다. 상자를 열기 전에는 네가 뭘 집었는지 알 수 없어."

영화 〈포레스트 검프〉에서 어머니가 아들 포레스트에게 건넨 말이다. 이 말의 의미는 뭘까 곰곰이 생각해보면 '초콜릿' 그리고 '알 수 없다'라는 두 단어가 마음에 남는다. 하지만 내게는 '초콜릿'보다도 '알 수 없다'라는 말에 더 큰 무게가 실린다. 인생은 예측할 수 없는 일들로 가득하다. 내가 집어든 초콜릿이 어떤 맛일지는 누구도 알 수 없다. 그렇기에 어머니는 아들에게, 어떤 초콜릿을 손에 쥐게 되든 그것을 피하려 하지 말고, 주어진 순간을 최선을 다해 진심으로 살아내라고 말하고 싶었던 것은 아닐까.

고등학교를 졸업하고 대학에 합격했지만 진학을 포기해야만 했기에, 대학에 간다는 것은 당시 내 인생의 전부라 해도 과언이 아니었다. 철없던 마음에 대학에 가서 공부만 하면 지금과는 전혀 다른 인생이 펼쳐질 것이라는 막연한 기대를 품고 있었던 것 같다. 고등학교를 졸업한 뒤 1년이 지나고, 2년이 흘러, 어느새 3년이 되어가도록 내 마음은 점점 더 하나의 열망으로 가득 차올랐다. 그리고 마침내 네 번째 해가 되었을 때, 나는 반드시 대학에 가겠다는 의지를 굳게 다졌다. 그렇게 결심을 안고 서울로 향했다.

어린이집 보조교사로 일하면서 3년간 차곡차곡 모아두었던 거금 100만 원을 들고 서울로 올라왔으나 어디서부터 어떻게 공부를 시작해야 하는지 도무지 알 수가 없었다. 갈팡질팡, 좌충우돌 헤매면서 몇 군데 학원을 찾아다녀 보니 선생님들이 하시는 말씀 중에 공통점이 있었다. 교과서에 답이 있다는 것이었다. 동대문 헌책방을 뒤져서 교과서와 참고서를 구입하고 꼭 학원 수업을 들어야 하는 과목을 제외한 나머지 과목들은 도서관에서 무작정 책을 읽어가며 공부를 시작했다. 돌이켜보면, 그때가 태어나 처음으로 '공부'에 진심으로 다가갔던 시간이었다.

공부보다 더 힘겨웠던 건 두려움을 극복하는 것이었다.

나보다 똑똑하고 나보다 공부도 잘하는 학생들을 보면서 나는 점점 작아져만 갔다. 두려움과 싸우며 우여곡절 끝에 학력고사를 치뤘고 기대 이상의 성적표를 받았다. 하지만 내가 가고 싶은 대학교는 점수가 모자랐는데 욕심을 부려 지원한 결과는 낙방이었다. 자존심이 퍽이나 상했지만 어쩔 수 없이 후기 대학에 지원했고 장학금을 받고 입학하게 되었다.

대학 생활은 나름대로 즐거웠다. 하지만 무엇보다 좋았던 건 8년 만에 엄마를 다시 만나 함께 살게 되었다는 사실이었다. 아침이면 엄마가 지어준 밥을 먹고 집을 나서고, 하루가 저물어 저녁에 집으로 돌아오면 환한 얼굴로 문을 열어주는 엄마가 있었고, 밤이면 어린아이처럼 엄마 품에서 엄마 냄새를 맡다가 잠이 드는 사소한 일상의 순간들이 너무나 행복했다.

그즈음, 나는 인생이라는 초콜릿 상자를 덜컥 받아들였다. 대학교 3학년 때, 갑작스럽게 결혼을 하게 된 것이다. 남편은 철원에서 어린이집 보조교사로 일하던 시절, 같은 교회를 다니던 사람이었다. 하지만 내 마음은 온통 공부에 가 있었기에 나는 그에게 이렇게 말했다. 서로의 인생을 각자의 자리에서 열심히 살아가자고. 그 후 그는 군대에 갔고, 나는 대학으로 향했다. 내가 어느 대학에 다니는지, 그가 어디에서 군 생활을 하는지 서로 알지 못한 채 각자의 시간을 보냈다. 몇 년이 지나 제대를 한 그가 다시 나를 찾아왔다. 그리고 말했다. 공부하는 것에 방해되지 않도록 최선을 다해 노력할 테니 결혼하고 싶다고. 그 말 앞에서 내 마음도 조금씩 움직이기 시작했다.

하지만 내 앞에 놓인 상자 속에서 내가 잡은 초콜릿은 달콤한 것만은 아니었다. 아이가 생기고 가진 것 없는 단칸방 신혼살림에 공부까지 한다는 건 무리였다. 휴학계를 쓰고 나오면서 쓰디쓴 초콜릿을 꿀꺽 삼키는 심정으로 '이게 끝은 아니다'라고 내 자신을 달랬다.

아이를 출산했다. 첫 아이를 안아보는 심정을 어떻게 표현할까. 그 소중한 생명을 앞에 두고 나 또한 내 부모님처럼 수많은 각오를 다짐했다. '아가야, 이 엄마가 어떻게든 너는 정말 잘 키우고 싶단다.' 젖을 먹이면서 아이의 보드라운 머리카락을 어루만지며 수도 없이 다짐하고 또 다짐했다.

철부지 남편은 회사 생활을 힘들어하는 눈치였다. 군에서 제대하기도 전에 취직이 되어서 구직의 어려움을 잘 모르기 때문일 수도 있겠지만 대기업의 직장 문화가 적성에 맞지 않아 버거워하는 모습이 보였다. 상사인 과장님의 만류에도 불구하고 한참을 고민하더니 사직서를 제출하고 왔다. 역시 철부지인 나는 고민하는 남편에게 호기롭게 큰소리를 쳤다. 이렇게 된 김에 당신이 하고 싶은 일이 무엇인지 제대로 찾아보고 후회하지 않을 길을 택하라고.

　대책 없는 철부지들인 아빠와 엄마는 살아갈 길이 아득했다. 아이를 출산하고 한 달 만에 나는 새벽에 우유 배달을 시작했다. 낮 시간에 아이를 돌보며 나가서 일할 곳도 없었고 두움을 기대할 곳은 애당초 없었다. 나는 무조건 살아야 했다. 아니 살아내야만 했다. 새벽에 우유를 돌리고 집에 오면 젖이 퉁퉁 불어 있었다. 젖이 먹고 싶어 울고 있는 아이를 품에 안으며 '아가야, 그래도 엄마는 울지 않을게…'라고 속으로 말했다.

　7월부터 시작한 우유 배달은 여름철 폭우와 함께 유난히 힘든 날이 많았다. 당시 내가 살던 동네는 큰 도로만 포장돼 있었고, 이면도로는 대부분 비포장이었다. 어느 날은 앞이 보이지 않을 만큼 심한 폭우와 비바람이 몰아쳤다. 아마 태풍이 지나가던 날이었을 것이다. 우유 상자를 가득 실은 리어카를 끌고 배달길에 나섰지만, 쏟아지는 비에 앞이 제대로 보이지 않았다. 곳곳에 널린 돌덩이와 급류에 파인 길을 지나며 수레는 덜컹거리다 크게 흔들렸고, 결국 우유를 가득 실은 리어카가 그대로 엎어지고 말았다. 얇은 비옷은 이미 여기저기 찢겨 있었고, 흙탕물에 휩쓸린 우유팩들은 나뒹굴며 터져나갔다. 그나마 남은 것들마저 온통 흙투성이가 되어 있었다.

오고 가는 이 하나 없는 폭우가 쏟아지는 새벽길, 나는 홀로 엉엉 울었다. 평상시 소리 내어 울고 싶어도 나를 바라보고 있을 눈동자 넷을 떠올리면 울 수가 없었다. 아무도 보는 이 없는 그 순간 얼굴을 타고 흘러내리는 빗줄기를 핑계 삼아 멀쩡한 우유팩을 흙탕물에 씻어 주워 담으면서 목 놓아 울었다. 그러면서 나 자신에게 말했다.

'이건 빗물이야. 난 우는 게 아니야. 이렇게 쓰러져서 울지 않아. 난 임정열이잖아…. 내 의지로, 내 다리로 이 대지를 딛고 일어서고 말 거야.'

발가락이 움직여진다면 괜찮아

새벽 시간 맞춰놓은 자명종 시계가 울어대면 떠지지 않는 눈을 비비고 일어나 아기에게 젖을 물리고 집을 나섰다. 새벽에 돌린 우유를 마시고 출근하는 사람들이 있기에 부지런히 뛰고 달리며 제때 배달을 마쳐야 했다. 하지만 아무리 달리고 또 달려도 시간은 늘 촉박했다.

우유 배달이 끝나갈 시간이 되면 몸이 먼저 반응하며 찌르르 감전된 듯한 신호를 보냈다. 아기가 젖 먹을 시간이 다가오는 신호였다. 엄마를 찾으며 울고 있을 아기의 울음소리가 환청처럼 들렸다. '아가야, 조금만 기다려줘…' 먹먹한 심정을 다잡으며 허겁지겁 뛰어서 돌아오니 젖은 불었고 아기는 우유병 꼭지를 혀로 밀어내며 악을 쓰며 울고 있었다.

매달 월말이면 우유를 수금하러 다니는 일이 배달하는

일 못지않게 힘겨웠다. 새벽에는 남편이 아기를 봐주었지만 낮 시간에는 직장을 찾고 공부하러 다녔기에, 나는 아기를 업고 수금을 다녀야 했다. 허리가 끊어질 듯이 아팠다. 특히 5층짜리 아파트가 많았는데 아이를 업고 걸어서 5층을 헉헉대고 올라가면 사람이 없거나, 지금 돈이 없으니 다음에 다시 오라고 했다. 그때면 정말 맥이 탁 풀려버렸다. 수금을 하고 회사에 입금해야 비로소 월급이 계산되었기에, 나는 매일 부지런할 수밖에 없었다.

하루는 중년 부부가 사는 집에 수금하러 갔을 때였다. 집 앞에 다다르자 개가 극성맞게 짖어대기 시작했다. 겁이 나서 선뜻 들어서지 못하고 망설이고 있는데, "물지 않으니 들어오라"는 말이 집 안에서 들려왔다. 두려움을 안고 멈칫멈칫 발을 옮기는 순간, 개가 느닷없이 달려와 내 다리를 덥석 물었다. 순간적인 통증에 놀랐고, 당황스럽고 서러운 마음이 한꺼번에 치밀어 올랐다. 그런데 그 부부는 미안하다는 말 한마디 없이, 다친 곳을 살펴보지도 않은 채 우윳값만 내밀었다. 물린 자리는 순식간에 부어오르기 시작했다. 그 상태로 집으로 돌아온 내 다리를 보고 남편은 곧장 그 집으로 달려갔다. 하지만 상황은 달라지지 않았다. 그 부부는 끝내 사과 한마디 하지 않았다.

매일 운동화를 신고 뛰어다니며 일하다 보니 어느 날부터 양쪽 엄지발가락에 작은 물집이 잡히기 시작했다. 이유도 없이 생긴 물집은 매일 커져만 갔다. 우유를 돌리고 집에 오면 그 물집이 터져서 양말에 들러붙었다. 상처 난 피부가 뜯겨나가야 양말을 벗을 수 있었다. 피와 진물이 뒤섞여 생살을 뜯어내는 아픔이 매일 계속되었다.

부위는 점점 커져 엄지발가락에 이어 발등까지 짓물러갔다. 병원에 다녀도 낫질 않았고 약을 발라도 소용이 없었다. 그렇게 일 년쯤 지나 우연히 눈에 띄는 약국에 들어가 상처를 보이며 약을 줄 수 있냐고 했더니, 직접 제조한 거라면서 이름을 알 수 없는 물약 두 병을 건네주었다. 나을 때가 되어서인지, 약의 효험 때문인지 그 약을 바르면서 진물이 마르고 피부가 다시 생성되었다. 두 달 가까이 바르자 피딱지가 떨어지지 않아도 양말을 벗을 수 있게 됐다.

리어카로 우유를 배달하던 나는 자전거를 배워, 자전거로 배달을 시작했다. 리어카보다 훨씬 빠르게 일을 마칠 수 있었고 몸도 덜 힘들었다. 다만 넘어지기라도 하면 큰 부상으로 이어질 수 있기에 매번 조심스럽게 페달을 밟았다. 한여름에 시작한 우유 배달은 어느새 겨울을 맞았다. 추운 겨울 아침, 이불 밖으로 나오는 일은 늘 고역이었지만 하루도 빠질 수 없었다. 싫다고, 힘들다고 게으름을 부릴 수 있는 처지가 아니었다.

그해 겨울, 며칠 내린 눈은 녹았다 얼기를 반복하며 길을 빙판으로 만들었다. 아무리 조심해도 소용이 없었다. 자전거에 올라 무거운 우유를 싣고 내리막길에 접어드는 순간, 바퀴가 미끄러졌다. 균형을 잡을 틈도 없이 자전거가 옆으로 쓸려갔고, 나는 그대로 튕겨 나갔다.

몸이 공중에 잠깐 떴다가, 다음 순간 허리가 보도블록에 세게 꽂혔다. 척추 한가운데를 정통으로 때리는 충격이었다. 숨이 막혔다. 아프다는 감각보다 먼저 공포가 밀려왔다.

'큰일이다. 젖먹이 아기는 어떡하지? 혹시 허리가 부러졌으면…. 우리 집은 어떻게 되는 거지?' 몸을 움직이는 게 무서웠다. 차가운 바닥에 그대로 누운 채 잠시 숨을 고르며 생각했다.

'그래, 발가락부터 움직여보자.'

조용히 숨을 들이마시고 오른쪽 발가락을 천천히 움직였다. 이어 왼쪽도 조심스럽게 움직여보았다. 미세한 움직임이 느껴지자, 그제야 숨이 조금 가벼워졌다. 큰 숨을 한 번 내쉬고 몸을 일으켰다. 통증은 잠시 뒤로 미뤄두고, 서둘러 바닥에 쏟아진 우유를 주워 담았다. 그리고 다시 자전거 페달 위에 발을 올렸다. 무엇이 찾아오든, 나는 다시 걸음을 내딛어야 했으니까.

제 이름은 임정열이거든요

남편은 그 이듬해 추석이 되어서야 다시 취직이 되었다. 대기업에 다닐 때와는 비교도 안 되는 절반의 월급봉투를 가져다주었다. 그러나 불평한다는 건 꿈도 못 꿀 일이었기에 우유 배달을 계속했다. 1년이 넘도록 우유를 돌리다 보니 몸은 어느 정도 익숙해졌지만, 가장 괴로운 건 새벽마다 잠든 아기를 홀로 두고 집을 나서야 한다는 사실이었다. 아이는 감사하게도 엄마가 우유를 돌리고 올 때까지 잠을 자면서 혼자 집을 지켰다.

하지만 2년이 지나 여름이 되니 아이가 자라서 더 이상 새벽잠이 없어진 건지 배달을 마치고 집으로 돌아오면, 집 바깥으로 나와서 엄마를 기다리기 시작했다. 여름철이라 비가 내리는 날 처마 밑에서 오들오들 떨면서 엄마를 기다리는 아이를 보니 기가 막혔다. 이 일을 대신할 사람을 찾아 당장 우유 배달을 그만두었다.

그해, 88올림픽이 서울에서 열렸다. 잠실종합운동장 인근에는 올림픽 특수를 겨냥한 5성급 호텔이 새로 들어섰고, 손님을 맞이할 준비를 한다는 소식과 함께 기간제 직원 모집 공고가 났다. 나는 망설임 없이 지원했고, 다행히 채용돼 출근하게 되었다. 맡은 업무는 객실관리부 룸메이드였다. 비록 기간제 직원이었지만, 쾌적한 근무 환경과 안정적인 급여, 직원 복지까지 당시 우리나라의 형편을 생각하면 매우 좋은 조건이었다. 그 덕분에 일에 대한 만족도 자연스레 높아졌다.

엄마와 떨어지지 않으려 울며 매달리는 아이를 놀이방에 겨우 맡기고 돌아설 때마다, 뒤에서 들려오는 울음소리가 발걸음을 붙잡았다. 눈물을 삼키며 나는 참 모진 엄마라고 수없이 자책했다. 지금도 그 시절을 떠올리면, 아들에게 미안한 마음이 먼저 앞선다. 그렇게 출근하면 당일 배정된 객실을 돌며 청소와 관리를 맡았다. 올림픽을 보기 위해 세계 각국에서 모여든 손님들에게 깨끗한 환경을 제공하기 위해 호텔은 최선을 다했고, 나 역시 그들을 친절하게 응대하고자 애썼다.

호텔 측은 기간제 직원들에게 그랜드 오프닝 멤버로 모두를 정직원으로 채용하겠다고 구두 약속을 했다. 그러나 올림픽 특수가 사라지자 객실은 빠르게 비어갔고, 약속은 언제 그랬냐는 듯 지켜지지 않았다. 결국 호텔은 기간제 직원들을 하나둘 집으로 돌려보냈다.

아이의 울음소리를 뒤로한 채 출근하던 길, 나는 카세트 플레이어에 영어 테이프를 틀어놓고 언젠가는 유창한 영어를 구사하는 호텔리어가 되어 아이에게 부끄럽지 않은 엄마가 되고 싶다는 작은 꿈을 품었다. 그러나 그 바람은 한순간에 사라지고 말았다. 비록 6개월 남짓한 시간이었지만, 정직원이 되고 싶다는 마음 하나로 정말 최선을 다해 일했던 곳이었다. 그 일터에서 등 떠밀려 나와야 했을 때 느꼈던 좌절감은 내 인생의 또 다른 쓰디쓴 초콜릿일 뿐이었다.

압구정동의 카페 거리는 언제나 사람들로 북적였다. 나는 그곳에서 이번에는 주스 리어카를 끌었다. 무거운 주스 상자를 리어카에 싣고, 바구니에는 양손 가득 주스를 담아 이곳저곳으로 부지런히 배달했다. 부유한 거리, 넘쳐나는 에너지를 뿜어내는 젊은 청춘들… 레스토랑에 모여 음식을 나누고, 커피를 마시고, 술잔과 칵테일을 기울이는 그 풍경 속에서 나는 유독 혼자라는 생각에 사로잡혔다. 이곳에서 이대로 주스만 돌리다 내 인생이, 내 젊음이 다 흘러가버릴 것만 같아 마음이 조급해졌다. 남들의 시선 속에 비친 내 모습이 한없이 초라해 보일 것 같다는 자괴감에, 우울한 마음을 쉽사리 떨쳐낼 수 없었다.

골목 모퉁이를 돌아 주스 리어카를 끌고 가는데, 중년으로 보이는 한 신사와 눈이 마주쳤다. 그가 나를 힐끔 보더니 말했다. "이런 일을 할 사람처럼은 안 보이는데…. 젊은 나이에 고생이 많구먼." 나는 속으로 대답했다.

'네 맞습니다. 저는 이대로 주저앉지 않을 겁니다. 저는 임정열이거든요.'

압구정동 화려한 거리에서 주스를 돌리고 피곤한 몸으로 퇴근하던 길, 백화점 쇼윈도에 비춰진 내 모습을 맞닥뜨리게 되었다. 화들짝 놀랐다. 너무나 슬픈 얼굴, 고뇌하는 표정에 지친 모습이었다. 마냥 내 얼굴을 쳐다보고 있기가 괴로워 입술 양 끝을 억지로 끌어올리며 웃어보았다. 그러자 갑자기 쇼윈도가 환해지며 젊은 여자가 나타났다. 몇 번을 반복해서 웃어보았다. 어이없게도 갑자기 내 얼굴이 예뻐 보였다. 그 후로 예쁜 내 모습을 보고 싶어서 나는 수시로 거울을 보며 웃었다.

우리 가족 생명의 은인

일을 마치고 허겁지겁 달려오면 아이는 놀이방에서 돌아와 집에 들어가질 못하고 동네를 헤매고 있었다. 아이를 돌보면서 할 수 있는 일이 뭐가 있을까 고민했다. 2년 넘도록 주스 배달을 하며 모아둔 것과 그동안 허리띠를 졸라서 모은 저축을 합치면, 궁색하지만 작은 가게라도 차릴 수 있을 것 같았다.

드디어 작은 화장품 가게를 열었다. 이사하는 날, 가게 물건을 챙기랴, 살림을 들여놓으랴 정신이 하나도 없었다. 코가 눈에 달렸다는 말이 딱 맞을 만큼 바쁘고 힘겨운 하루였다. 코딱지만 한 방에 살림을 어질러놓고 한숨 돌리려다, 커피라도 한잔 마시고 싶어 가스레인지에 LPG통 호스를 연결하고 주전자에 물을 올렸다. 커피를 마신 뒤 다시 가게를 정리하고 있는데, 호기심 많은 아들이 말했다.

“엄마, 어디서 칙~ 하는 소리가 나!”

“주전자가 뜨거운데 물이 없어서 타는 소리야” 하고 대수롭지 않게 대답했다.

잠시 뒤 아들이 또 말했다.

“엄마, 근데 또 소리 나! 치익~ 하는 거!”

“그거 주전자 소리라니까~” 하고 무심히 답했지만, 아들은 포기하지 않았다.

“엄마, 엄마! 자꾸자꾸 계속 계속 치익~ 치익~ 소리가 나!”

“아이고 고놈 성가시게도 하네. 엄마 바쁜데…” 하며 나가 보니, 그만 하늘이 노래졌다.

급한 김에 가스레인지에 호스를 대충 연결하고 벽에 엉성하게 박힌 못에 걸어두었는데, 그만 그 호스가 뜨거운 냄비 받침대로 떨어지며 녹아버린 것이었다. 그 틈으로 고압가스가 치익 소리를 내며 그대로 새고 있었다. 아들이 아니었다면, 신문에 큼지막하게 실릴 법한 대형 사고로 이어질 뻔한 상황이었다. 유난히 끈질기게 이것저것을 묻던 호기심 많은 아들 덕분에, 우리 가족은 무사할 수 있었다. 개구쟁이 아들이 생명의 은인이었다.

겨우 모은 돈으로 가게를 차리다 보니 모든 것이 옹색하기 그지없었다. 가게를 반으로 막아 한쪽에는 화장품을 진열하고, 다른 한쪽에 우리 가족이 생활하는 방을 꾸몄다. 방은 다리를 쭉 펴고 눕기조차 버거울 만큼 비좁았다. 그래도 아이를 하루 종일 데리고 있을 수 있다는 점이 가장 좋았다. 항상 불안한 마음으로 아이를 두고 나가야 하는 마음이 납덩이보다 더 무거웠는데, 이젠 늘 곁에서 보살필 수 있다는 것만으로도 행복하고 감사했다.

화장품 가게는 썩 잘되지는 않았지만 남편이 직장에서 차츰 자리를 잡아가며 안정된 생활이 가능해지니 작은 가게였지만 살림에는 많은 보탬이 되었다. 아이가 점점 자라면서 형제가 있는 친구들과 놀다 보니 동생이 있는 친구들이 부러웠는지 동생이 있었으면 좋겠다며 졸라대기 시작했다. 남편 또한 외동으로 자라 외로움을 느꼈다고 늘 말하던 터라, 둘째를 갖기로 했다. 그렇게 가게를 운영하며 아이를 돌보는 와중에 나는 둘째 아이를 품게 되었다.

둘째 아이가 태어났다. 예쁜 딸이었다. 첫아이를 낳은 지 6년 만에 얻은 아이라, 더없이 사랑스럽고 소중했다. 처음 아이를 키울 때처럼 들뜨고 설레는 마음이었고, 이번에는 새벽에 홀로 재워두지 않고 품에 안아 돌볼 수 있다는 점에서 안도감을 느꼈다. 가게를 운영하며 두 아이를 키우고 살림까지 챙기느라 하루하루는 눈코 뜰 새 없이 흘러갔다. 하지만 그런 분주함 속에서도 마음 한구석에는 늘 채워지지 않는 허전함이 남아 있었다. 그럴 때마다 나는 영어 문법책과 기본서를 펼쳐 들었다. 자투리 시간에라도 공부하는 일이, 내 안의 빈자리를 조용히 메워주는 유일한 길처럼 느껴졌다.

삶이 그대를 속일지라도

열심히 살아온 보람으로 작은 아파트를 분양받았다. 그 후 어려서부터 가슴속에 꿈꿨던 음악 공부를 2년간 마친 후에 작은 교습소를 시작했다. 피아노를 배우러 오는 아이들이 하나둘 늘어나고 남편도 직장에서 인정받고 자리를 잡게되자 그동안 불안하기만 하던 일상이 안정을 찾아갔다. 저녁이면 집 안에 웃음소리가 행복하게 샘솟고 아이들도 건강하고 밝게 잘 자라주었다. 드디어 우리 집에도 평안과 여유가 생겨나려나 설레는 마음이 그득했건만 방심은 금물이라는 말처럼 이 작은 행복이 일 년을 넘기지 못했다.

1997년 11월, 대한민국을 강타한 IMF라는 거대한 혼란이 우리 집이라고 비켜 갈 리는 없었다. 뉴스를 보는 일조차 두려웠다. 금융권의 위기와 기업의 줄지은 도산 소식이 이어졌고, 해고된 직장인들과 실직자들이 거리로 쏟아져 나오는 장면을 뉴스로 볼 때마다 불안은 점점 커져갔다.

IMF가 무엇인지, 왜 이런 일이 벌어진 것인지 제대로 이해 하지도 못한 채 앞으로 닥칠 상황을 가늠할 수 없었다. 많은 사람들이 그랬듯, 우리 집 역시 깊은 혼란 속으로 빠져들었 다. 국가도 개인도 준비되지 않았던 탓에, 갑작스럽게 밀어 닥친 한파는 각자의 삶을 무방비 상태로 압박해오고 있었다.

남편과 나는 이 상황을 어떻게 헤쳐나가야 할지 도무지 갈피를 잡지 못했다. 공중분해되듯 사라진 회사와 함께 일터 를 잃은 남편은 이력서를 수십 장 써 들고 이곳저곳을 찾아 다녔다. 받아줄 곳이 없을 것이라 어느 정도 예상은 했지만, 현실은 그보다 훨씬 더 냉정했다.

매일 아침마다 출근하는 남편의 발걸음을 힘차게 만들 어주던 "아빠, 안녕히 다녀오세요!" 하고 현관 앞을 들썩이던 아이들의 웃음과 외침, 그 모든 작은 일상의 온기가 자취를 감춘 집 안에는 적막만이 남았다.

아무런 예고도 없었고 전혀 준비되지 않은 상황 앞에서 남편은 무엇이든 해보려고 애썼다. 일만 할 수 있다면, 누구 라도 불러만 준다면 어떤 일이든 하겠다고 사방으로 뛰어다 녔지만 돌아올 때는 늘 빈손이었다. 버스 운전이 그나마 안정적일 거라는 얘기에 두 시간 거리의 자동차 학원까지 다니며 대형 면허를 어렵게 취득했지만, 버스 회사는 이력서조차 받아주지 않았다. 주유소에서는 기름 넣는 일조차 맡기려 들지 않았고, 세탁소에서는 세탁물 배달도 나이가 많다며 거절했다. 그때 남편은 서른여덟 살이었다.

여기저기 일할 곳을 찾으러 다니던 남편은 택시회사에서 일자리를 구할 수 있었다. 하지만 택시 운전을 시작해보니 막상 매일 사납금을 채우는 것조차 쉽지 않았다. 한 달쯤 지났을 무렵, 사납금을 채우기 위해 무리하게 밤샘 운전을 하던 남편은 결국 새벽에 사고를 당했다.

그마저 일자리가 사라지자 날이 갈수록 어깨가 처지고 주눅 들어가는 남편, 그리고 어쩐지 풀이 죽은 아이들을 보며 내가 해줄 수 있는 일이라곤 아침저녁 밥상에 둘러앉아 "얘들아, 우리 '아빠 만세' 세 번 힘차게 부르고 맛있게 밥 먹자"라고 말하는 것이 전부였다. 그러면 아이들은 새끼 제비 같은 입을 내밀며 "아빠 만세~ 만세~ 만세! 아빠 사랑해요!" 하고 외쳐주었다.

아이들이 학교에 가고 남편이 어딘가 집 밖으로 나서는 순간, 나는 홀로 방으로 들어가 이불을 뒤집어쓴 채 애원하며 기도했다. 남편과 아이들 앞에서 눈물을 보이면 우리 집이 무너져버릴 것만 같아, 힘들어하는 모습도 걱정도 두려움도 들키지 않으려고 매일 애를 썼다.

결국 다시 새벽 우유 배달을 시작했다. 이제는 아이들이 제법 자라 더 이상 갓난아이를 홀로 두고 나가야 하는 걱정은 덜했다. 이번에는 아파트 단지 안을 배달하면 되었기에 예전만큼 힘에 부치지도 않았다. 남편과 함께 새벽 배달을 마친 후 오후에는 아이들을 가르쳤다.

1998년 여름, 지난해 겨울부터 시름시름 편찮으시던 엄마가 돌아가셨다. 모든 걸 잃어버린 것 같았다. 편찮으신 엄마를 뵈러 갈 때마다 당시의 상황과 맞물려 서러움이 북받쳤다. 하지만 노환으로 고생하는 엄마 앞에서 속내를 내비칠 수가 없기에 마음만 안타깝기 그지없었다. 몇 달을 고생하던 엄마를 하늘로 보내드린 날, 끝도 없는 절망과 슬픔이 가슴을 파고들었다.

늦둥이로 태어난 철부지 어린 딸을 큰딸 네 집에 떼어놓을 수밖에 없었던 엄마는 애간장이 얼마나 녹았을까. 나이가 차서 시집가서는 나 살기 바쁘다는 핑계로 엄마를 저만치 밀어두었던 딸. 내가 피아노를 치며 찬송가를 부르면 "이 꼬부라진 허리로 덩실덩실 춤이라도 추고 싶구나” 하며 환하게 웃던 엄마에게, 그 딸이 이제라도 조금이나마 효도할 수 있겠다고 마음먹던 때 느닷없이 IMF가 들이닥쳤다.

산다는 게 이렇게 사람을 속이기만 하는 건가, 뼈저린 후회와 사무치는 설움이 밀려와 이 세상이 버겁기만 했다. 엄마를 하늘로 보내드리고 집으로 돌아오니, 현실은 여전히 깊은 어둠 속에 있었다. 우울이 찾아왔다. 의욕은 사라지고, 살아갈 이유를 잃은 사람처럼 허무와 슬픔이 나를 에워쌌다. 그러나 나를 붙잡아줄 사람이 없었다. 점점 가라앉아가는 나 자신을 붙드는 일 역시 오롯이 내 몫이었다. 잠들기 전, 엄마의 사진을 얼굴에 꼭 붙인 채 ‘내일 아침에는 엄마 품에서 눈을 뜨게 해주세요’라고 기도했다.

좌충우돌 여기저기 부딪치며 나름대로 애써보았으나 허우적대는 상황의 연속이었다. 작은 가게라도 해보는 게 어떨까 싶은 마음에 남편은 덜컥 학교 앞 문구점을 인수해서 작은 문구점을 시작했다. 지금 생각해보면 참 어리석기 짝이 없었다. 세상 돌아가는 일에 서툴고, 어디에 도움을 청해야 하는지도 몰랐으니 결국 무턱대고 부딪치기만 했던 셈이다. 어렵게 모은 저축을 털어 마련한 문구점은 학교에서 문구를 지급하기 시작하면서 매출이 급격하게 줄어들었고 금세 아이들 장난감이나 팔고 게임기만 돌리는 곳으로 변해버렸다. 장사는 좀처럼 나아질 기미가 없었고, 결국 일 년 남짓 버티다 손해를 감수하고 가게를 정리했다.

아들이 중학생이 되고, 딸아이가 초등학교에 입학했다. 초등학생 때부터 공부를 곧잘 하던 아들은 중학교에 올라가자 더 눈에 띄게 성과를 내기 시작했다. 아이들이 부쩍 자라는 모습을 바라보며 세월만 허무하게 흘려보내는 것 같아 답답했디. 결국 나는 큰 결심을 했다. 집을 담보로 최대한 대출을 받아 피아노 학원을 열었다. '어떻게든 되겠지' 하는 막연한 기대뿐이었다. 하지만 결과는 내 미숙함과 어리석음을 고스란히 되돌려주듯, 더는 발 디딜 곳도 없는 벼랑 끝 같은 현실로 몰아가고 말았다.

"슬픔의 날을 참고 견디면 언젠가 기쁨의 날이 오리니."

어려서 뜻 모르고 외웠던 푸시킨의 시구절이 머릿속을 맴돌았다. 슬픔의 날을 얼마나 견뎌야 기쁨의 날이 찾아올지, 도무지 가늠할 수 없는 시간만이 내 앞을 가로막고 있었다.

꿈을 키워가는 아이들

철저한 준비와 치밀한 사전조사 없이 시작한 학원은 빠른 속도로 무너져 내렸다. 버텨낼 만한 자본이 없으니 처음부터 해서는 안 될 일이었지만 엎질러진 물이었다. 주워 담을 수 없는 상황에서 집을 처분했다. 싼 전세를 찾다 보니 당시 살던 집보다 외지고 먼 파주로 이사를 가야 했다.

공부를 썩 잘하던 아들은 과외 한 번 받지 않고 외고에 합격했다. 힘든 날들이었지만 마음만은 대견하고 뿌듯했다. 그런 아들이 고등학교를 다니면서 강남에서 일류 과외 선생님께 과외시켜달라는 말을 딱 한 번 했는데 그걸 들어줄 수가 없었다. 나는 아무 말도 할 수 없었다. 가슴속 깊이 눌러두었던 절망과 무력감이 밑바닥부터 차올라왔다. 무안한 마음에 얼굴이 벌겋게 달아올랐지만, 그저 아들의 두 눈을 잠자코 바라볼 수밖에 없었다. 아들은 홀로 공부하면서 많이 힘겨웠고 어려웠을 텐데 묵묵히 공부한 결과 의대에 합격했다. 너무나 미안하고 고맙고 자랑스러웠다.

딸아이는 어려서부터 책 읽기를 좋아했다. 엄마가 집을 나서면 달려와서 책 한 권만 사달라고 말했다. 간식이나 장난감을 주문하는 게 아니라 책을 사달라니 기특했다. 어느 날 그렇게 책만 읽어대던 아이가 중학생이 되어서는 느닷없이 무용을 하고 싶다는 게 아닌가.

나는 거의 기절할 뻔했다. '중학교 3학년이 이제 와서 무슨 무용을?' 하지만 딸아이의 고집은 꺾이지 않았다. 그동안 한 번도 학원을 보내달란 적도 없었고, 뭘 해보고 싶단 얘기를 꺼낸 적도 없었기에 그저 책만 읽는 아이를 지켜보기만 했는데 자기 의지로 고집을 세우니 하지 말라고 말릴 수가 없었다. 나는 그러다 말겠지 하는 심정으로 무용학원 기본 과정만 간신히 보내주었다.

하지만 고등학교에 들어가면서 딸아이의 생각은 점점 더 선명해졌다. 왜 그렇게 무용을 하고 싶은지 묻자, 아이는 잠시 망설이다가 이렇게 말했다.

"엄마, 책을 읽으면서 이런 생각을 했어. 나도 내 인생에 어떤 목표를 정하고 그 꿈을 이루기 위해 끝없이 노력하는 삶을 살아보고 싶다고…. 발레를 해보고 싶어. 내 몸으로 아름다움을 표현하고 나만의 예술을 만들어낸다고 생각하면 가슴이 벅차.”

이건 도리가 없겠구나 싶었다. 아이를 데리고 학원 상담을 받았다. 어느 무용학원 원장과 상담하는 내내 오고 간 대화는 ‘돈’ 얘기가 전부였다. 말로만 듣던 입시 발레의 현실을 직접 듣고 보니 입이 다물어지질 않았다. “그렇게 돈이 많이 드나요? 형편이 안 되는 애들은 꿈도 못 꾸겠네요.” 답답한 마음에 혼자 넋두리를 내뱉자, “아니, 어머니! 그걸 모르고 오셨어요? 빈익빈 부익부잖아요. 뭐가 되었건 있는 사람이 하는 거고 없는 집에서야 하고 싶어도 못 하는 거죠! 게다가 발레라니요~!”라는 답이 돌아왔다. 초라한 행색에 가난한 티가 흐르는 내 꼴을 보고는 한껏 무시해도 좋다고 생각한 모양이었다.

집으로 돌아오는 동안 딸과 나는 서로 아무 말이 없었다. 나는 방으로 들어가 이불을 뒤집어쓴 채 소리도 내지 못하고 한참을 흐느꼈다. 돈이 없으면 원하는 것을 꿈조차 꿀 수 없는 세상이 야속했고, 아이가 바라는 걸 채워줄 능력이 없는 내 현실이 초라하고 싫었다. 갑자기 방문이 열렸고 아들이

들어왔다. 내 모습을 보더니 왜 그러느냐고 캐물었다. 동생이 발레를 하고 싶어 하지만 형편상 해줄 수 없다는 내 말을 들은 아들은 말없이 나를 꼭 안았다.

"엄마, 울지 마. 내가 있잖아. 내가 한번 해볼게."

울컥하며 나를 다독여준 아들은 그다음 날부터 바로 과외를 시작했다.

자기 꿈을 이루기 위해 열심히 내달리고 있는 아이들에게 경제적인 지원이 가장 필요했던 시기였건만, 정작 우리 집 사정은 거꾸로 점점 더 어려워졌다. 그렇지만 힘겨운 시간 속에서도 아이들이 각자의 인생 목표를 세우고 꿋꿋이 버텨주는 모습은 내게 가장 큰 힘이 되어주었다.

남편과 나는 한 가지 약속을 했다. 집에서는 절대 돈 이야기를 꺼내지 말자고. 어차피 당장 해결할 수 없는 문제를 입에 올려 서로 얼굴을 붉히고 상대를 탓하며 다투고 싶지 않았기 때문이다. 다만 건강하기만을 기도할 뿐이었다. 힘든 시기는 언젠가 지나갈 수 있지만, 건강까지 잃어버리면 모든 것이 한순간에 무너질 것만 같아 두려웠다.

여보, 우리 공부해야 살아

어느 날, 뒤에서 내 차를 들이받는 교통사고를 당했다. 차량 파손은 크지 않았지만 목과 양팔의 통증이 심했고, 검사 결과 목 디스크 파열로 수술을 받아야 했다. 몸도 마음도 지쳐 무너져 내리는 것 같았지만, 아이들이 있다는 생각 하나로 어떻게든 버텨야 했다. 수술 후 제대로 회복할 시간조차 없었다. 다시 일터로 나가 학습지 교사로 일했고, 주말에는 청소 도우미 일을 하며 하루하루를 이어갔다.

입주 청소는 일반 가정집을 돌보는 일과는 전혀 달랐다. 살림 도우미가 하루 한 집을 맡는 것과 달리, 입주 청소 팀은 하루에 네 집을 처리해야 했다. 서너 명이 한 팀이 되어 벽과 천장, 화장실, 주방, 외벽 새시까지 눈에 보이는 곳은 물론 보이지 않는 틈새까지 약품을 뿌리며 닦다 보면 자연스레 무릎으로 기어 다니는 시간이 길어졌다.

점심은 대개 청소하는 집으로 중국 음식을 시켜 빠르게 먹고 잠깐 숨 돌릴 틈도 없이 다시 일을 시작했다. 네 집을 끝내려면 그럴 수밖에 없었다. 점심을 마치고 믹스커피 한 봉지를 집어 들었을 때, 팀의 남자 대표가 말했다.
"지금 커피 마실 시간 없어요. 마시고 싶으면 이동하면서 차 안에서 드세요."

나는 손에 쥔 커피 봉지를 그대로 내려놓았다. 무릎이 아픈 줄도 모른 채 하루 종일 바닥을 기어 다녔고, 집에 돌아와서야 무릎에 피딱지가 앉아 있는 것을 보았다. 그날 손에 쥔 돈에는 약품 냄새가 배어 축축하게 젖어 있었다.

나는 깨달았다. 삶에는 '살아가는 시간'이 있고, 어떻게든 '살아내야 하는 때'가 따로 있다는 것을. 인생은 정말 초콜릿 상자일까? 달콤함으로 가득할 거라 상상하며 상자 속에서 집어든 초콜릿을 입에 넣는 순간, 쓰디쓴 괴로운 맛이 나더라도 뱉어낼 수 없다면, 입 안에서 녹이고 침을 더해가는 과정 속에서 스스로 달콤한 맛을 만들어가며 견디고 살아내라는 뜻은 아니었을까.

'어떻게 살아야 하지? 무엇을 해야 할까? 아이들 뒷바라

지에 공부도 시켜야 하는데…'

기도하며 수없이 고민을 거듭한 끝에, 결국 남은 길은 '공부'뿐이라는 결론에 닿았다. 사회에서 필요로 하는 자격증을 하나라도 취득하면 새로운 길이 열리지 않을까 하는 희미한 기대였다. 내가 무엇을 잘할 수 있을지 돌아보았지만 선뜻 떠오르는 것이 없었다. 요리는 가족이 먹을 반찬을 만드는 정도였고, 사업 감각은 이미 몇 번의 실패로 부족함이 드러났으며, 특별한 재능도 딱히 없었다. 그나마 공부만큼은 아주 못하진 않았으니, 노력하면 될지도 모른다는 생각이 마음 깊은 곳에서 떠올랐다. 그 순간 내게 필요한 건 용기였다. 무모해 보일지라도 다시 한번 도전할 용기. 나는 지쳐 있는 남편의 두 손을 꼭 잡고 조심스레 말했다.

"여보, 우리 공부합시다. 그 길밖에는 살길이 없는 것 같아요…"

공인중개사 3개월 합격의 원천

집을 팔고 이사를 준비하며 부동산을 오가던 어느 날, 사장님이 무심히 건넨 한마디가 귀에 박혔다. 공인중개사 자격증만 있으면 개업도 가능하고 취업도 어렵지 않을 거라며 도전해보라는 얘기였다. 순간 마음이 흔들렸다. 집에 돌아와 이야기를 꺼내자, 남편도 "한번 해보는 게 어때?"라며 조심스레 등을 밀었다. 앞길은 막막하고 무엇이든 다시 시작해야 한다는 생각이 앞섰지만, 공인중개사 시험은 결코 만만한 시험이 아니었고 당장 소득도 필요했다. 하지만 시간을 길게 놓고 보니 자격증을 준비하는 편이 더 나을 것 같았다. 결국 마음을 정하고 공인중개사 학원을 찾아갔다.

학원은 공부하러 모인 사람들로 북적였다. 강의실마다 열기가 가득했고, 이미 진도가 많이 나간 상태였다. 1차 시험

과목은 민법과 부동산학개론 두 가지였는데, 나는 거의 백지나 다름없는 상황이었다. 부동산학개론은 흐름을 따라가면 이해가 되는 편이라 비교적 부담이 덜했지만, 문제는 민법이었다. 지금까지 법이라고 해봐야 집을 사고팔거나 전세 계약을 하며 겪어본 것이 전부였으니 법적 사고에 전혀 익숙하지 않았다. 하지만 수업을 따라가다 보니 민법이란 결국 사람이 살아가며 겪는 일들의 집합이라는 걸 알게 되었다. 하나씩 연결고리를 이해하며 접근하니 막혔던 문제들이 조금씩 풀리기 시작했다. 그렇게 두 과목에 집중하다 보니 '올해는 1차 시험만이라도 확실히 붙고, 다음 해에 2차 시험을 준비하는 게 낫겠다'라는 생각이 들었다. 그래서 원장님께 상담을 요청했다.

원장님은 단호했다. 아무리 가능성이 낮아 보여도 처음부터 2차 시험을 포기한 마음으로 공부하면 1차 시험조차 제대로 해내기 어렵다며, 회피하려는 생각을 버리고 끝까지 해보라고 몇 번이고 강조했다. 열심히 하면 충분히 해낼 수 있으니 무조건 2차 시험까지 치러보라는 당부였다. 그 말을 듣고 보니, 스스로 핑곗거리를 만들어 도망치려 했던 내 안일함이 보였다. 시험은 한 달밖에 남지 않았지만 1차 문제풀이와 함께 2차 문제풀이 강의를 병행하며 이해되는 부분은 바로 정리하고, 꼭 외워야 하는 내용은 틈틈이 암기하며 최선을 다했다.

드디어 시험 날이 찾아왔다. 아침 일찍 남편이 시험장까지 데려다주었는데, 그때서야 계산기를 집에 두고 왔다는 사실을 깨달았다. 다행히 남편 가방에 있던 낡고 투박한 계산기를 건네받아 시험장으로 들어갔다. 민법은 기억을 더듬어가며 겨우 논리를 맞춰 풀어냈지만, 역시 법은 쉽지 않았다. 문제풀이 시간마다 머릿속에 쌓아두려 애썼던 법적 체계를 하나씩 끄집어내며 답을 찾아갔다. 부동산학개론에서는 계산 문제가 몇 개 나왔고, 낯선 계산기로 수업 시간에 반복했던 풀이 과정을 떠올리며 차근차근 풀어나갔다.

그래도 합격을 확신하기에는 마음이 불안했다. 2차 시험에서는 공법이 가장 큰 고비였다. 암기해야 할 내용은 끝이 없고, 비슷비슷한 용어들 때문에 머릿속이 금세 뒤섞였다. 그래서 공법은 '과락만 면하자'라는 마음으로 임했고, 나머지 과목들은 강의 시간에 메모하며 암기법을 활용해 외웠던 내용을 최대한 떠올려 한 문제씩 집중해 풀어나갔다.

시험을 마치고 발표된 가답안에 나의 답안을 채점해보았더니 1차 과목은 민법 60점, 부동산학개론 62.5점으로 겨우

한 문항 여유 있게 통과했고, 2차 과목에서 공법은 과락을 겨우 면하고 60점 턱걸이로 시험에 합격했다.

당시 우리 가정의 경제 상황은 위기였다. 어떻게든 살아가야 한다는 의무감에 나는 궂은일도 마다하지 않고 닥치는 대로 일했다. 공인중개사 시험을 비교적 짧은 시간에 합격할 수 있었던 것도 새로운 일자리를 찾아야 한다는 절실함 때문이었을 거다. 남편도, 대학에 들어간 아들도, 중학생이 된 딸도 각자의 자리에서 조용히 자신의 책임을 다했다. 누구의 말이 아니어도, 우리 가족은 모두의 앞날이 각자의 손끝에 달려 있다는 사실을 온몸으로 깨달으며 질곡의 세월을 건너고 있었다.

우리는 넘어질 때 비로소 땅을 본다.
그제야 내가 딛고 살아가야 할 자리의
존재를 깨닫고, 땅바닥을 바라보며 눈물을
흘린다. 그러나 바로 그 순간, 넘어짐을
딛고 다시 일어설 힘도 함께 자란다.
실패했다면 실컷 울어라.
절망이라 느껴진다면 그 고독을
온전히 맛보아라. 그 시간을 지나야만
스스로 일어서서 내 인생의 주인으로
살아갈 힘이 마침내 생겨난다.

2장

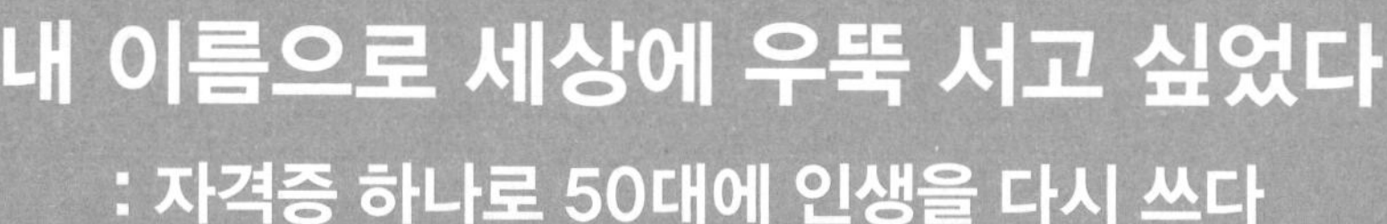

내 이름으로 세상에 우뚝 서고 싶었다
: 자격증 하나로 50대에 인생을 다시 쓰다

한 번의 쟁기질로 굳어버린
황무지가 옥토로 바뀌지 않는다.
공부도 마찬가지다.
한두 번의 공부로 합격자 명단에
이름이 오르길 기대하지 말라.
수천, 수만 번의 쟁기질로 돌처럼 굳은
땅을 일구는 농부의 마음으로 공부하라.
그러면 분명히 알게 될 것이다.
그대가 흘린 땀방울은 결코 당신을
배반하지 않는다는 사실을.

소방이라는 가슴 뛰는 단어

공인중개사 시험을 준비하던 시절, 공법 수업에서 담당 교수님은 반복해서 강조하곤 했다. "아파트의 발코니는 아래층에서 화재가 발생했을 때 화염과 연기로부터 집을 보호하는 필수 공간입니다. 발코니를 확장하면 아랫집에서 올라오는 불길이 그대로 집 안으로 밀려들어 인명 피해로 이어질 수 있습니다. 자신의 집을 지켜줄 방어선을 허물고도 이를 제대로 인식하지 못한 채 발코니 확장이 합법화되는 현실이 안타깝습니다. 소방대가 도착해 진화를 한다 해도 그 전에 상당한 인명·재산 피해가 발생할 가능성이 큽니다."

당시에 발코니 확장이 사회적 문제로 대두되었는데, 공동주택 세대마다 스프링클러 설비와 같은 소방시설이 모든 층에 설치되지 않았던 시기였다. 초기 진화에 실패할 경우

발코니 확장으로 인해 화재가 상부층으로 급격히 번질 가능성이 높아지고, 그로 인해 인명 피해와 재산 피해가 크게 발생할 수 있다는 것이었다. 사실 그 내용은 공인중개사 업무에 꼭 필요한 지식도 아니고 시험에 출제될 가능성도 없어 보였기에, 수강생들은 별다른 관심을 보이지 않았다. 그러나 나는 그 주제가 유난히 귀에 크게 들려왔다. 본래 어떤 대상에 흥미를 느끼면 이해될 때까지 곱씹고, 궁금증이 풀릴 때까지 파고드는 성향이 있어 그날 이후 '화재'와 '소방'이라는 단어가 오래도록 기억 속에 남았다.

공인중개사 시험을 치르고 난 뒤에도 '소방'에 대한 호기심과 사람들의 삶 속 어딘가와 맞닿아 있을 그 무언가가 궁금해 견딜 수가 없었다. 검색 사이트를 뒤져 소방 관련 자격증이나 이를 기반으로 할 수 있는 직업에는 무엇이 있는지 찾아보았지만, 단번에 이해되는 정보는 쉽게 나타나지 않았다. 눈에 띄는 것은 몇몇 학원의 광고뿐이었다. 결국 학원에 전화를 걸어 상담을 예약했고, 약속한 날 남편과 나는 손을 붙잡고 학원으로 향했다.

학원을 찾아가 원장님께 이것저것 궁금한 점을 묻자, 소방 분야에도 이미 기사 자격제도가 마련되어 있으며 소방기계기사와 소방전기기사 두 가지 자격증을 취득하면 감리회사나 시공회사, 설계사무소 등에 나이와 성별에 상관없이 취업이 가능하다고 했다. 그러다 원장님은 내 얼굴을 한참 바라보더니 "혹시 공부하는 걸 좋아하시면, 여성분들께 특히 좋은 자격인 소방시설관리사에 한번 도전해보시는 건 어떨까요?"라며 적극적으로 권했다. 그 자격을 취득하면 기사 자격보다 연봉이 두 배에 가까운 고소득이 보장된다는 말이었다.

나는 즉시 되물었다.

"그럼 소방기술사도 있는 건가요?"

당연히 기술사가 있으며, 기사 자격을 취득하고 4년의 경력이 있으면 응시 가능하다고 했다. 기술사는 모든 이공계 자격증의 꽃으로 불리는데, 그중에서도 소방기술사는 '꽃중의 꽃'이라 불릴 만큼 연봉과 대우가 업계 최고 수준이라는 설명이었다. 또 기사 취득 후 2년의 경력이 있으면 소방시설관리사에 응시할 수 있고, 이후 4년의 경력을 채우면 소방기술사에 도전할 수 있다는 안내를 받았다.

내 짧은 지식과 경험으로는 한 번도 접해보지 못했던 소방 분야가, 이미 엔지니어 계통에서 하나의 축으로 자리 잡고 있다는 사실에 나는 큰 놀라움을 느꼈다. 마치 콜럼버스가 신대륙을 발견했을 때의 충격과도 비슷했다.

당장 눈앞에 아무것도 보이지 않더라도, 대서양을 가로질러 망망대해를 헤치고 나아가면 새로운 세계가 기다리고 있으리라는 믿음 하나로 고향 항구를 떠났을 그의 용기! 그 상상은 내 가슴에 새로운 희망의 불씨를 지폈다. 소방은 이 시대에 반드시 필요한 조용히 떠오르고 있는 분야였다. 나는 그동안 드러나지 않았던 '숨겨진 보석'을 발견한 듯한 흥분에 휩싸였다.

집에 돌아오자마자 소방기사 응시자격에 해당되는 학사학위를 찾아보았다. 그중 '가정학과'라는 단어에 가슴이 마구 뛰기 시작했다. 학사학위가 없다는 결핍에, 나 자신을 위로해주고 싶은 작은 열망에 취득했던 '가정학사' 학위가 지금 내게 희망을 속삭이고 있었다.

'네 앞에 신세계를 열 수 있단다.'

나는 손에 열쇠를 쥐고 있었다. 이제 그 문을 향해 다가가서 열쇠를 넣고 돌리기만 하면 망망대해 푸른 바다가 내 앞에 펼쳐질 것이었다.

다음 날, 나와 남편은 서점을 찾았다. 진열대 사이를 오가며 소방기사 관련 서적들을 훑어보고 몇 권의 책을 골라 들었다. 집으로 돌아오는 길, 나는 스스로에게 말했다.

'소방기술사! 어디 가지 말고 거기서 딱 기다려! 내가 갈 테니까.'

어린 시절 어른들이 "넌 커서 뭐가 될래?" 하고 물을 때마다, 철없이 마음속으로 외치던 말이 떠올랐다. '난 박사가 될 거예요.' 그 소리 없는 외침이 머리에서 가슴으로 전기처럼 타고 흘렀다. 기술사라는 자격은 국내에서 박사급으로 인정받을 만큼, 오랜 공부와 치열한 노력, 그리고 충분한 현장 경험이 있어야만 도달할 수 있는 자리였다. 그렇기에 어릴 적 품었던 그 작은 소망을 이룰 수 있는, 어쩌면 인생에서 두 번 다시 오지 않을 마지막 기회가 지금 내 앞에 와 있다는 생각이 들었다.

꿈은 아직 멀리 있었고 출발선에 선 나는 보잘것없어 보였지만, 한 발짝 또 한 발짝 뚜벅뚜벅 걸어가다 보면 언젠가는 그 꿈이 내 손에 닿을 것이라는 믿음이 샘솟았다. 그 믿음이 하늘에서 내려온 동아줄처럼 느껴졌다.

1월을 맞이하며 다시 새로운 도전을 시작했다. 공인중개사를 공부하는 것과는 전혀 다른 느낌이었다. 소방이라는 대양을 발견한 흥분에 들떠 있었다. 서점에서 소방기사 책을 구입하고 남편과 나는 전진 또 전진했다. 남편도 나도 낮 시간에는 최선을 다해 생계를 위한 일을 했다. 당장 궂은일을 할 수밖에 없었지만 그래도 소방이란 신세계를 기대하는 마음이 있어서인지, 공부를 시작한 뒤로 일상이 조금씩 살아나는 느낌이었다. 공부가 즐거웠다. 일을 마치면 틈나는 대로 도서관을 찾았고 주말이면 종일토록 도서관에서 살았다.

먼저 시험 교재를 10회독 공부하는 게 목표였다. 처음에는 아무것도 모르겠더니 한 번, 두 번 회독 수가 늘어나니 신기하게도 저절로 습득되는 공부량이 점점 늘어났다. 마침내 10회독을 마무리했고 그래도 불안해서 몇 번인가 더 회독하며 공부를 마치고 기사 시험을 치렀다. 1차 시험은 객관식, 2차 시험은 주관식이었는데 모두 한 번에 합격했고 소방기계기사 자격시험에 이어 소방전기기사 시험도 동일한 방법으로 공부했다. 새해 초부터 시작한 공부였는데 8월이 되니 소방 쌍기사 자격증을 취득하게 되었다.

아빠와 엄마가 현실을 극복하기 위해 새로운 분야에 도전한다는 것을 알고 아들은 응원과 격려를 아끼지 않았다. 중학생인 딸아이도 자기가 해야 할 공부를 스스로 알아서 했다. 부모가 아이들 공부를 잔소리하는 것이 아니라 우리 집은 거꾸로 아이들이 아빠 엄마 공부하는 것을 염려하고 대견해하며 지지해주었다.

첫 번째 관문: 소방시설관리사

소방기계기사, 소방전기기사를 취득한 후 취업 사이트 구인 란을 찾아보고 이력서를 제출했다. 당시에는 마흔여섯이라 는 나이가 지금보다 훨씬 더 많다고 느껴지던 시절이었다. 게다가 현장 근무가 중심인 시공회사나 감리회사는 대체로 남성을 선호했기에, 나이가 있는 나를 선뜻 받아주려는 곳은 많지 않았다.

그럼에도 기사 자격증을 보유하고 있다는 점 덕분에, 자 격 요건을 필요로 하던 한 정보통신 공사업체에서 소방 주 인력으로 면접 요청이 들어왔다. 그렇게 나는 간신히 첫 취 업의 문을 열 수 있었다.

학원 운영 등 사회생활 경험은 있었지만, 당시에는 번듯 한 직장은커녕 궂은일을 하며 지내던 시절이었다. 그런 내가 마흔 중반을 훌쩍 넘긴 나이에 새롭게 직장 생활을 시작하게 되자, 어엿한 사회인으로 다시 출발하는 발걸음이 낯설면서도 신기했고 금방이라도 날아갈 것만 같았다. 비록 사무실에서 업무를 보조하는 자리였지만, 그다음 목표를 떠올리면 마음은 뿌듯함으로 가득 차올랐다. 소방 전문가로 거듭나고 싶은 나의 원대한 꿈을 향해 첫걸음을 떼는 순간이었다.

기대했던 만큼 넉넉한 급여는 아니었지만, 내 손을 잡아준 회사가 고마웠다. 무슨 일이든 배우고, 어떤 일이든 해내겠다는 각오로 마음을 다잡았다. 자격 요건을 충족해 채용된 자리이긴 했으나, 실제로 맡은 일은 전문성을 요하는 업무라기보다는 단순한 반복 업무가 대부분이었다.

현장 공사로 많은 인력이 외근을 나가 있어 사무실에 상주하는 직원은 많지 않았다. 나는 전화를 응대하고, 자재 발주를 위해 현장에 필요한 물량을 파악해 주문을 넣었으며, 착공과 준공 시기가 제각각이고 공정도 서로 다른 현장들에 맞춰 시공계획서와 공사계획표를 준비하는 등 각종 행정 지원을 담당했다. 그 밖에도 회계 업무를 제외한 자잘한 일들과 심부름까지 도맡아 처리해야 했다.

기사자격증을 바탕으로 소방시설관리사를 향한 경력을

쌓겠다는 목표 아래, 소방 실무와 관련된 일이라면 무엇이든 배우겠다는 각오로 시작한 회사 생활은 생각만큼 녹록지 않았다. 회사 일에 점차 익숙해지는 사이, 소방시설관리사 공부를 하겠다는 결심은 어느새 나 자신을 달래는 핑계로 변해 있었다.

'어차피 응시 자격은 경력 2년을 채워야 하니, 그때부터 시작해도 늦지 않아.'

사람은 망각의 동물이라 했던가. 처음의 다짐은 어느새 희미해지고, 그렇게 하루이틀 사흘이 쌓여 순식간에 2년이라는 시간이 흘러가고 말았다.

드디어 2010년 소방시설관리사 시험 시행 일정 안내 공고가 2월에 발표되었다. 시험은 8월에 1·2차가 동시에 치러질 예정이었다. 얼마 남지 않은 일정에 마음이 급해져 주말에 개강하는 학원을 알아보고 다시 공부를 시작했지만, 기사 시험을 준비하며 익혀두었던 내용들이 정리되지 않은 채 머릿속을 어지럽게 맴돌았다.

소방시설관리사 시험이 악명 높게 어렵다는 이야기를 수없이 들었음에도, '기사 수준보다 조금만 더 어렵겠지, 설마' 하는 다소 발칙한 생각이 쉽게 떠나지 않았다. 그러나 학원에 다니며 1차 과정을 차근차근 공부해 나가자, 기사 공부를 하며 이해했던 내용들이 하나둘 되살아났고, 그제야 서서히 공부의 체계가 잡히기 시작했다.

1차 과목에는 기사 시험에는 없던 '위험물의 성상 및 시설기준'이라는 과목에서 과락으로 낙방하는 수험생들이 부지기수라 많은 수험생들이 '위험물은 위험해'라고 자조 섞인 말들을 하곤 했다. 나는 문제의 그 위험물 과목에 집중했다. 나머지 소방안전관리, 소방시설의 구조 및 원리, 소방전기이론, 소방수리학 및 약제화학, 관계법령 등의 과목은 기사 시험보다 많이 어렵기는 했으나 도저히 다가갈 수 없거나 따라가기 힘든 수준의 내용은 아니었기에 어려움 없이 공부해 나갔다.

문제는 2차 과목이었다. '소방시설의 설계 및 시공'과 '소방시설의 점검 실무 행정' 두 과목 모두 주관식으로 출제되었다. 물론 기사 시험 역시 2차는 주관식이지만, 문제은행식 출제라 10년 치 기출문제를 여러 차례 반복해 풀다 보면 출제 경향을 파악할 수 있고, 유사한 문제를 해결할 능력도 어느 정도 길러진다.

하지만 소방시설관리사 2차 시험은 기사 시험과는 비교

조차 할 수 없을 만큼 난이도가 높았다. 기출문제가 반복 출제되는 경우는 거의 없었고, 공학적 지식을 바탕으로 한 계산 문제를 풀어야 했으며, 화재안전기준을 비롯해 각종 소방시설 점검표와 소방 분야의 여섯 가지 관계법령, 건축법을 포함해 건축물의 피난·방화 관련 법령까지 달달 외워야 비로소 합격권에 가까워질 수 있는 시험이었다.

그럼에도 나는 요행을 기대했다. '기사보다 조금만 더 공부하면 어찌어찌 붙지 않을까.' 아니, '붙여주기만 해도 정말 좋겠다'라는 행운을 바라고 첫 번째 시험을 치렀으니 그 시험에서 붙는다는 건 꿈속에서조차 상상할 수 없는 일이었다.

결과는 참혹했다. 1차는 넉넉한 점수로 합격했으나 2차 과목의 점수는 20점이 넘었는지 모자랐는지 생각조차 하기 싫은 결과로 내 앞에 주어졌다. 입에 올리기도 부끄러운 점수 앞에서 한없이 초라해지는 내 자신이 한심하기 짝이 없었다. '그런 점수가 나올 거라는 걸 넌 정말 몰랐니?' 나는 스스로에게 책망하며 되물었다. 그러면서 처절한 반성의 시간을 가졌다.

적당히 준비하고 행운이 따라주기를 기다리면서 자신을 속이는 자세, '나는 기사 시험도 빨리 붙었고 이해도 웬만큼

하고 있으니 이 정도만 준비해도 붙겠지'라는 교만한 생각과 게으른 타성에 젖어 있는 내 모습이 나를 어지럽혔다. 나 자신에 대한 반성과 질책은 끝이 없었다. 그런 부정적인 생각들이 나를 옭아맬수록 점점 더 위축되었다. 급기야 소방시설관리사 시험을 포기해버리고 싶은 마음도 찾아왔고 핑곗거리를 만들어내기 시작했다.

'이건 너무 어려운 시험이야, 그걸 어떻게 사람이 해낼 수 있겠어…'

그러나 우리 가정의 현실을 돌아보면, '포기'라는 단어를 떠올리는 것조차 허락되지 않는 상황이었다. 남편은 어렵게 전기기사 자격을 취득한 뒤, 겨우 자리를 잡아 막 일을 배우기 시작한 터라 금전적 보상이 매우 낮았다. 아들은 의대생이었고, 딸은 발레를 배우고 싶다며 간절히 애원하고 있었다.

하루를 어떻게 버티며 살고 있는지, 한 달을 어떤 힘으로 견뎌내고 있는지 나 스스로도 설명하기 어려울 만큼 여전히 경제적 형편은 빠듯했다. 기사 취득 후 출근하는 직장이 있었지만, 아이들 가르치는 데 들어가는 비용을 감당하기에는 턱없이 부족했다. 어디에서도 도움을 기대할 수 없었고, 집이 없으니 대출조차 받을 수 없었다. 선택지는 하나뿐이었다. 이유를 따질 여유도 없이, 그저 무조건 살아내야 하는 상황이었다.

발레를 하고 싶다는 딸아이의 바람을 지켜보던 남편은 내게 대책 없는 엄마라며 날을 세웠고, 딸에게도 포기하라고 했다. 이 형편에 무슨 발레냐며, 고집을 부리지 말라고 다그쳤다. 그러나 나는 차마 딸에게 네 꿈을 꺾으라고 말할 수 없었다.

어린 시절, 그렇게 피아노를 배우고 싶었지만 피아노가 무엇인지조차 모르는 부모 밑에서 자라며, 그것을 배우겠다는 말을 꺼내는 것조차 상상할 수 없었던 나의 모습이 딸아이의 얼굴과 겹쳐 보였다. 그 기억 앞에서 "안 돼, 도저히 널 가르쳐줄 수 없어"라는 말을 아이에게는 할 수 없었다. 아니, 하고 싶지 않았다.

"그렇게 네가 간절히 원한다면, 엄마가 무슨 짓을 해서라도 네 꿈을 꼭 이뤄줄게."

나는 애처로운 마음에 아이를 꼭 안아주며, 있는 힘껏 격려와 응원을 보냈다.

간절하면 공부법을 터득하게 된다

사람이 간절히 바라면 하늘도 그 뜻을 저버리지 않는다는 말처럼, 2년마다 시행되던 소방시설관리사 시험을 2011년에도 실시한다는 공고가 떴다. 즉, 1년 만에 다시 시험이 치러진다는 뜻이었다. 이번 기회를 놓치면 이런 행운이 또 한 번 찾아올 것 같지 않았다.

1차 시험에 합격하면 2차 시험은 한 번의 기회가 더 주어지기에, 2011년 시행되는 시험은 나에게 주어진 행운이자 사실상 마지막 기회처럼 느껴졌다. 나는 처절하게 자신을 돌아보며 독한 마음을 품고 다시 공부를 시작했다. 그러나 무엇보다 절실한 것은 시간이었다. 결국 나는 큰 결단을 내려, 4월에 다니고 있던 회사를 정리했다.

그리고 3개월 남짓한 시험을 앞두고 도서관에 가서 아침부터 저녁까지 오로지 공부에 매달렸다. 절대로 실패해서는 안 되는 시험이었다. 작년의 시험 준비와는 비교되지 않는 마음가짐으로 고민에 고민을 거듭했다. 어떻게 해야 그 많은 공부량을 내 것으로 만들 수 있는지 나만의 방법을 찾다 보니 어지럽게 산재된 문제와 법령 정보를 압축하는 공부법을 터득하게 되었다. 처음 시도는 어려웠으나 시간이 지날수록 공부 방법은 효율적이었다. 하기 싫어서 억지로 공부하며 흉내만 내던 작년의 공부와는 차원이 달랐다. 머릿속에서 공부 회로가 그려지는 느낌이 들었다.

드디어 8월 21일 시험일이 하루 앞으로 다가왔다. 시험 전날 긴장한 탓인지 눈이 따갑고 까칠해지도록 잠이 오지 않았다. 어차피 잠도 오지 않는데 최근에 정리해놓고 암기하다 포기해버린 내용이 떠올랐다. 행운이라고 해야 할지, 노력이라고 해야 할지 모르겠으나 공부가 어느 정도 궤도에 안착한 느낌이 들자 몇 주 전에 실시한 기술사 문제를 검토해보고 싶었다. 중요한 내용이 있으면 관리사에도 유사한 내용이 출제될 가능성도 있을 듯해 살펴봤는데 유난히 한 문제가 눈에 들어왔다. 똑같은 문제가 출제될 것 같지는 않기에 법령집을 찾아 그에 상응하는 다른 내용을 정리해두었는데 용어가 어렵고 암기도 힘들어 포기하고 가려던 것이었다. 어차피 긴장

해서 잠도 오지 않는데 그거나 들여다봐야겠다는 마음으로 꺼내들었다.

역시나 쉽게 외워지지 않았다. 온갖 암기법을 동원해도 긴장 때문인지, 외운 것들이 좀처럼 머릿속에 남지 않았다. 다음 날 시험장으로 향하는 차 안에서도 전날 붙들고 있던 내용을 다시 꺼내 들었다. 시험장에 들어가서도 마치 억지로 머릿속에 쑤셔 넣듯, 외운 것을 또 밀어 넣고 또 밀어 넣었다.

마침내 시험지가 배부되었다. 시험지를 받아 든 순간, 온몸이 사시나무처럼 부들부들 떨렸다. 시험지 2번 문항에, 바로 직전까지 죽어라 외우던 그 문제가 떡하니 등장해 있는 게 아닌가. 시험지를 넘겨보니, 끝내 풀지 못할 문제는 단 하나도 없었다.

120분 동안 그저 죽어라 답안을 써내려가기만 하면 되는데, 어찌된 영문인지 온몸에 힘이 빠지며 긴장으로 덜덜 떨려 말도 제대로 나오지 않았고 펜조차 잡을 수가 없었다. 입안은 바짝 말라붙고, 목은 타들어가듯 갈증이 밀려왔다. 물이라도 한 모금 마시면 나아질 것 같아 감독관에게 물을 좀 달라고 했지만, 복도로 나갈 수 없어 안 된다는 답이 돌아왔다.

안절부절못하며 긴장한 내 모습이 안쓰러웠는지 감독관은 어떻게 해주면 되겠느냐고 물었다. 나는 가방에서 사탕을 가져다 달라고 부탁했다. 그러나 침이 마른 상태에서 사탕을 입에 넣자, 사탕은 입안에 들러붙기만 했고 오히려 더 말라붙으며 쓰디쓴 맛만 남겼다. 결국 사탕을 뱉어버렸다. 마음은 점점 더 초조해졌다. 어느새 시간은 10분이나 흘러가 있었다.

'하나님, 도와주세요. 이 답안을 써내려갈 수 있도록 제 마음을 진정시켜주세요. 저, 이번 시험에 꼭 붙어야 합니다.'

온몸의 액체란 것은 다 말라붙은 것처럼 몸이 타들어가는 거 같았다.

마음속으로 기도하며 억지로 힘을 내 왼손으로 오른손을 붙들었다. 오른손에 펜을 쥐고, 지렁이처럼 꿈틀거려 무슨 글자인지 알아보기 힘든 글씨로 문제를 옮겨 적으며 풀이를 시작했다. 다섯 줄쯤 써내려가자, 그제야 글씨가 조금씩 안정됐다. 시계를 보니 남은 시간은 100분.

이후로는 정신없이 계산 문제를 풀고, 정리하며 암기했던 내용을 토대로 답안지를 채워나갔다. 마침내 시험 종료를 알리는 벨이 울렸다. 나는 평소 어떤 시험이든 답안지를 다시 확인하는 것을 귀찮아하는 좋지 않은 습관이 있었다. 중고교 시절에도 시험지에 풀어둔 답을 답안지에 잘못 옮겨 적는 실수를 종종 했다.

앞쪽에서부터 감독관이 답안지를 회수하며 다가오는 모습이 보이자, 그제야 갑자기 검토를 해야겠다는 생각이 들었다. 그 순간 아뿔싸! 시험지에 풀어둔 계산 문제의 정답을 답안지에는 전혀 엉뚱하게 적어놓았다는 사실이 눈에 들어왔다. 급히 답안을 정정하고 나니, 곧바로 내 답안지는 감독관의 손으로 넘어가고 있었다.

8월에 치른 시험의 합격자 발표일은 12월 30일이었다. 아무리 시험을 잘 봤다고 스스로 다독여도, 발표일까지 이어지는 시간은 불안과 초조의 연속이었다. 매일 밤 시험에 떨어져 애를 쓰는 꿈을 꾸었고, 직장을 그만둔 상태였기에 다시 취업하는 일 또한 쉽지 않았다.

나는 〈벼룩시장〉 구인란을 뒤져 청소 도우미 일을 하기도 했고, 친구를 따라 아파트 장날에 나가 속옷을 팔기도 했다. 궂은일이든 힘든 일이든 가릴 처지가 아니었다. 닥치는 대로 일을 하며 다섯 달을 버텨낼 생활비를 마련해야 했다. 그사이 딸아이는 입시 발레를 준비하느라 모든 힘을 쏟고 있었고, 우리 집의 경제 상황은 더 이상 버티기 힘든 지경에 이르렀다. 딸아이가 대학에 합격하면 등록금을 준비해야 했지만, 그럴 여력이 남아 있지 않았다.

그리고 마침내 12월 30일 오전 9시, 소방시설관리사 합격자 발표일. 합격자 명단에서 '임정열'이라는 내 이름을 발견하는 순간, 그동안의 시간들이 한꺼번에 밀려왔다. 이어 2012년 신입생 모집에서 딸은 서울의 한 대학교 무용학과에 합격했다. 나는 시설관리사로 새롭게 취직한 직장에서 월급 두 달 치를 모아 딸아이의 등록금을 마련해줄 수 있었다.

그때, 내 나이는 만 51세였다.

두 번째 관문: 소방기술사를 향하여

2011년 12월 30일, 합격 소식을 접한 뒤 소방시설관리사 자격증을 받기 위해 광화문에 있던 당시 '국민안전처'를 찾았다. 직원들은 나를 반갑게 맞으며 "고생하셨습니다. 축하드립니다"라고 인사를 건넸고, 준비해 간 사진을 자격증에 붙인 뒤 자격 번호와 인적 사항을 손으로 하나하나 적어 수첩을 만들어 건네주었다. 지금도 그때 내 얼굴을 바라보며 미소 지어주던 분들의 표정이 선명하게 떠오르고 담당하던 분의 성함을 아직도 기억하고 있다.

자격증을 손에 쥔 순간, 기쁨보다 먼저 깊은 안도의 한숨이 터져 나왔다. '이제 살았구나!' 이 상황을 설명하는 말은 딱 하나뿐이었다. '피와 땀이 서려 있다.' 그 이상의 말은 필요하지 않았다.

과연 '소방시설관리사' 자격증의 효력은 대단했다. 소방인력 구인란에 이력서를 올리자마자 면접 요청이 들어왔고, 12월 31일 면접을 보러 갔다. 면접이라고 해도 형식에 가까웠다. 묻지도 따지지도 않고 기사 급여의 거의 두 배에 가까운 연봉을 제시하며, "1월 2일부터 바로 출근할 수 있겠습니까?"라는 질문이 전부였다. 어느 정도 예상은 하고 있었지만, 사장님의 입으로 직접 확인하는 순간 가슴속에서 감탄이 흘러나왔다.

'가슴 졸이며 버텨온 지난 1년의 시간이 결코 헛되지 않았구나. 정말 잘했다, 정열아.'

나는 스스로에게 아낌없는 칭찬을 건넸다.

쉰한 살의 나이에 '어이, 아줌마'로 불려 오던 내가, 소방시설관리사로서 지금껏 살아본 적 없는 전문 분야의 엔지니어가 되어 새로운 인생의 출발선에 서게 된 순간이었다.

소방 점검은 건축물 현장을 직접 찾아가 소방시설이 고장 나 있거나 비정상적인 상태로 유지되고 있는 부분은 없는지 각종 기기로 시험하고, 육안으로 확인하며 건물과 시설의 상태를 조사하는 업무다. 이러한 점검은 소방시설관리사가 반드시 직접 수행해야 하는 핵심 업무이기도 하다.

업무상 현장을 방문할 때마다 많은 사람들에게 인사를 받았다. "어떻게 그렇게 어려운 자격증을 따셨어요?", "공부 방법 좀 알려주세요"라는 질문부터 "그 나이에 어떻게요?", "여자분은 처음 봅니다"라며 놀라워하는 말까지 반응은 다양했다. 소방시설관리사 시험은 최종 합격률이 5%도 되지 않는 매우 까다로운 시험이었기에, 어디를 가든 실력을 인정받았고 함께 일하는 사무실 직원들 사이에서는 부러움의 대상이 되었다.

시험을 준비하며 책으로 익히고 머릿속에 담아두었던 내용들을 현장에서 직접 작동시키고 시험해보니, 추상적이던 지식이 생생한 정보로 바뀌며 또렷이 각인되었다. 더불어 자신감도 하나씩 차곡차곡 쌓여갔다.

회사에 적응하고 업무에 익숙해지면서 한때 소방기술사까지 도전해보겠다고 다짐했던 마음은 어느새 느슨해졌고, 나는 점점 현실에 안주하기 시작했다. 역시 사람은 편안해지면 지난 시절을 잊어버리고 그 편안함에 익숙해지기 마련이다. '이 나이에 여기까지 온 것도 충분히 대단하지'라며 스스로를 위로하는 마음이 나도 모르게 슬그머니 고개를 들었다.

게다가 아들은 공부하는 엄마를 지켜보는 일이 많이 힘

들었는지 "여기까지 온 것만 해도 엄마라서 해낼 수 있었던 거야. 이제 그만 공부하고, 적당히 쉬면서 즐기며 살면 안 돼?"라며 진심 어린 말을 건네왔다. 아마도 아들 역시 혹독한 대입 시험을 겪어보았고, 지금도 힘든 공부의 과정 한가운데에 있기에, 엄마가 얼마나 버거웠을지를 헤아려 건넨 말이었을 것이다.

'그래, 아들마저 그만하면 됐다고 하는데 뭐.'

핑곗거리는 사방에서 넘쳐났다. 그리고 무엇보다 결정적인 이유는, 내가 더 이상 공부하고 싶지 않다는 사실이었다. 소방시설관리사 시험을 준비하며 몸도 마음도 몹시 지쳐버린 탓에, 며느리들이 시어머니가 싫어 시금치란 말을 입에 올리지도 않는다는 말처럼, 나는 '소방'의 '소' 자는커녕 'ㅅ' 자만 보아도 고개가 돌아가고 멀미가 날 것만 같았다. 결국 그동안 붙들고 있던 책과 자료들을 대부분 정리해 버리고, 남겨두어야 할 몇 권만 상자에 담아 눈에 띄지 않는 구석에 처박아두었다.

소방시설관리사라는 새로운 직업에 발을 들여놓은 지도 어느덧 일 년이 흘러, 두 번째 여름을 지나고 있었다. 소방 점검은 현장을 직접 다녀야 하는 일이다 보니, 집을 떠나 지방으로 내려가 일주일 넘게 머물며 근무해야 하는 경우도 잦았다. 매일같이 다른 장소를 찾아다니고, 그때그때 새로운 사람들을 만나며, 현장의 상황에 따라 발생하는 다양한 변수를 처리하다 보면 때로는 상대하기 버거운 사람들과 마주해야 하는 어려움도 뒤따랐다.

게다가 소방 점검을 마치고 나면, 해당 건물에 대한 보고서를 작성해 관계인과 소방서에 제출해야 했다. 이 보고서는 각종 소방시설의 세부 내역은 물론 건축물의 기본 정보까지 빠짐없이 기록해야 하는 문서로, 수백 가지가 넘는 항목을 하나하나 작성하는 과정이 결코 만만하거나 쉬운 일이 아니었다.

굳이 핑계를 대자면, 소방기술사를 공부하고 싶어도 도저히 시간을 낼 수 없는 상황이었다. 백화점이나 영화관 같은 판매시설은 영업이 끝난 뒤, 한밤중이나 새벽이 되어야만 점검이 가능했기에 밤새 점검을 마치고 집으로 돌아오는 길은 늘 졸음과의 싸움이었다.

아니나 다를까, 그날도 새벽 시간에 영화관 점검을 마치고 두 시간이 넘는 길을 운전해 집으로 돌아오던 중이었다. 거의 다 왔다는 안도감에 긴장이 풀린 탓에 잠깐 졸았고, 결국 접촉 사고를 내고 말았다. 현재에 안주하고자 했던 내 마음에 슬그머니 불안감이 찾아들었다.

그해 무더운 여름, 공동주택 점검 일정이 잡혀 있었다. 각 세대를 직접 방문해 소방시설을 점검하고, 세대주의 서명을 받아 제출해야 하는 일이 한 달이 넘도록 이어졌다. 낮에는 집을 비운 세대가 대부분이라 점검은 자연스레 저녁 늦은 시간까지 이어졌고, 주말에도 세대원을 만나기 위해 출근하며 뜨거운 여름을 버텨내고 있었다.

그날도 토요일이었지만 어김없이 출근해 세대를 돌고 있던 중 갑자기 참을 수 없는 복통이 밀려왔다. 견디기 힘든 통증에 급히 화장실로 달려갔는데, 검붉은 피가 섞인 혈뇨가 쏟아지고 있었다. 너무 놀란 데다 통증까지 극심해, 나는 배를 움켜쥐고 이를 앙다문 채 병원을 찾아 헤맸다.

왜 그때 119를 떠올리지 못했는지 모르겠다. 소방 관련 일을 하면서도, 막상 내 앞에 일이 닥치자 아무 생각도 나지 않았다. 건강에 이상 신호가 나타나고 나서야, 이렇게까지 몸을 혹사하며 일을 계속해야 하나 하는 의구심이 밀려왔다. 여성들을 괴롭히는 급성 방광염은 좀처럼 낫질 않았고, 조금만 피곤해도 반복해서 재발했다. 그러나 소방시설관리사로 일하는 한 그 상황을 피할 방법은 없었다.

결국 나는 또 한 번 새로운 결단을 내려야 하는 순간과 마주하게 되었다. 돌이켜보면 처음의 목표는 소방기술사였다.

하지만 공부가 싫어지자 온갖 핑계를 늘어놓으며 스스로를 합리화하고 있던 내 모습이 선명하게 보였다.

나이는 들어가고 체력은 점점 떨어지는 현실을 더 이상 외면할 수 없었다. 깊이 고민한 끝에 나는 남편과 아이들 앞에서 선언했다. 기사 자격을 취득하고 어느덧 경력도 4년이 지났으니, 더는 후회가 남지 않도록 딱 1년만 기술사 공부에 도전해보겠다고.

그동안 소방 점검 업무를 계속해오면서, 소방시설관리사와 소방기술사가 두 개의 축을 이루는 수레바퀴라는 생각도 점점 분명해졌다. 소방시설관리사가 소방시설의 점검을 주된 업무로 한다면, 소방기술사는 소방 설계와 소방 감리를 핵심 업무로 삼는다. 역할은 다르지만 서로를 보완하는 관계였고, 진정한 소방 전문가로 단단히 서기 위해서는 점검 이외에도 설계와 시공, 감리 과정을 아우르는 두 자격증 모두가 필요하다는 결론에 이르렀다. 그 사실만큼은 더 이상 부인할 수 없었다.

숙제를 하다 만 듯한 찝찝함, 목적지를 향해 가다 길을 잃은 듯한 혼란, 그리고 가슴 한편을 허전하게 만드는 그 목마름을 이제는 채워야 할 때라는 강렬한 마음의 소리가 들려왔다. 나는 내 건강을 염려하는 가족들에게, 1년 안에 합격하지 못하면 그때는 미련 없이 포기하겠다고 약속했다.

소방시설관리사 공부를 하던 시절 알게 된 소방기술사가 있었다. 그가 학원에서 기술사 강의를 시작했다며 가끔 전화를 걸어 "임정열 씨는 공부만 하면 금방 될 텐데"라며 관심을 꾸준히 보여주었다. 공부하기 싫다는 마음에 매번 거절했지만 생각을 바꿔 용기를 내 전화를 걸었고, 직접 만나 이야기를 나누었다. 기술사 시험이라는 것이 생각만으로도 사람을 주눅 들게 만드는데, 그런 두려움을 안고 있는 나에게 그가 단호하게 말했다.

"임정열 씨는 잘 해낼 겁니다."

그 한마디는 내 마음에 다시 불을 지폈다. 어디로 가야 하는지 방향을 일러주는 고마운 이정표였다.

계절은 여름을 지나 가을로 접어들고 있었고 추석이 지나서 기술사 공부를 시작했다. 직장은 업무량이 많지 않은 곳으로 옮겨, 일이 있는 날에만 출근하는 조건을 택했다. 무엇보다 먼저 건강을 회복해야 했고, 공부할 시간을 확보하는 일이 절실했기 때문이다. 계절은 점점 깊어가는 가을이었다. 단풍이 지고 낙엽이 쌓여가듯, 나의 공부도 함께 깊어지면 좋으련만 현실은 달랐다.

버겁고 하기 싫다는 마음을 안은 채 시작한 공부가 제대로 될 리 없었다. 도서관에 앉아 책을 펼쳐놓고도 눈동자만 이리저리 움직일 뿐, 머릿속은 텅 빈 느낌이었다. 소방시설관리사 시험을 준비하며 그렇게 뼈저리게 반성했던 시간이 얼마나 지났다고, 또다시 요행을 바라며 욕심만 부리고 있는 내 모습이 보였다. 그럼에도 공부하기 싫은 마음은 좀처럼 사그라들지 않았다.

급기야 나는 스스로와 타협하기 시작했다.

'내년 2월 시험에서 50점만 넘자. 그게 목표야.'

거기에 그치지 않고, '10월부터 시작해서 네 달 공부하고 50점 넘으면 그것도 대단한 거지'라며 스스로에게 최면을 걸었다. 합격을 목표로 죽자고 덤벼도 떨어지기 일쑤인 시험 앞에서, 점수와 흥정을 하고 있는 내 모습이 한없이 한심했다.

결과는 예상대로였다. 2월 시험에서 나는 겨우 50점을 넘겼다. 딱 그 정도의 결과를 목표로 공부해놓고도, 나는 또다시 스스로에게 도취되기 시작했다.

'50점을 넘겼으니, 곧 60점도 넘고 언젠가는 합격하겠지.'

여전히 도서관에 다니며 공부는 했지만, 제대로 집중이 되는 날은 손에 꼽을 만큼 드물었다. 마음이 내키지 않는 날에는 다른 책을 꺼내 읽으며 딴짓으로 하루를 흘려보냈다. 그렇게 뜨뜻미지근하게 미적거리며 시간을 보내는 사이, 5월 시험은 어느새 성큼 눈앞으로 다가오고 있었다.

인생의 승부를 건 35일

두 번째 기술사 도전은 공부를 한 것도 아니고 그렇다고 안한 것도 아닌 상태로 시험장으로 향했다. 나름대로 열심히 답안지를 써내려갔으나 시험을 쳐본 사람은 다 알고 있다. 자신이 이 시험에서 어떤 점수를 받아들고 또 그 결과 어떻게 될지를. 그럼에도 합격하고 싶은 기대와 욕심으로 가득 차 발표 날을 기다리게 된다.

드디어 발표일, 오전 9시에 문자는 오지 않았다. 하루 종일 마음이 울적했다. 공부는 힘들고 앞은 보이지 않았다. 열심히 해야 한다는 걸 알면서도 에너지는 이미 고갈된 상태였다. 가슴팍에서는 버적버적 낙엽이 바스러지는 메마른 소리가 들려오는 것만 같았다. 다음 날 학원에 가야 하는데 가고 싶지 않았다.

토요일 아침 눈을 뜨기도 귀찮고 일어나고 싶지도 않았다. 책을 챙겨들고 집을 나서야 하는데 마음은 꿈쩍도 하기 싫다고 아우성을 쳐댔다. 억지로 일어났다. 이대로 집 안에 틀어박혀 있다간 수렁에 빠져버릴 것 같은 감정을 털어내려 주섬주섬 가방에 책을 주워 담고는 집을 나섰다. 학원을 향해 가는 길, 자유로를 달리다 보니 한강변에서 불어오는 싱그러운 바람에 흩날리는 녹음이 여름의 햇살을 반짝이며 뿜어내고 있었다. 이렇게 눈부신 날 가족들과 나들이 한 번 가보지도 못하다니, 남편과 아이들에게 부끄럽고 미안했다. 1년만 시간을 달라고 말해놓고 안이한 태도로 일관해온 내 모습이 떠올라 스스로가 미워졌다. 백미러로 내 얼굴을 쳐다보았다. 지치고 맥 빠진 생기 없는 얼굴이 나타났다. 갑자기 울컥하며 뜨거운 것이 솟구쳐 목구멍을 꽉 막았다.

자신을 향한 질책이 밀려왔다. 애쓰지 않고 열매만을 얻으려 했던 어리석음과 욕심 앞에서, 나는 소리 내어 나 자신을 꾸짖었다.

"그렇게 공부하면서 합격할 수 있을 거라 생각했니?"

"임정열! 앞으로 시험일까지 남은 35일 동안, 네 인생은 없다!" 스스로에게 굳게 다짐했다.

다음 날 교회에서 예배를 마치고 목사님께 "목사님, 저 교회에서 한 달만 공부하면 안 될까요?"라고 물었더니 흔쾌히 언제든지 해도 좋다는 대답을 들었다. 그다음 날 월요일부터 새벽같이 일어나 아침을 먹고 무조건 집을 나와 교회로 갔다. 밤 12시가 될 때까지 집에 돌아가지 않았다. 교회 지하실 커다란 책상에 공부하는 책들과 자료들을 펼쳐놓으니 책상 위로 수북했다. 계획을 세웠다. 오전에는 소방 관련 이론서를 보고, 오후에는 건축 관련 법규와 피난·방화 분야를 공부했다. 저녁에는 최근 이슈로 떠오른 예상 문제들을 풀었고, 하루에 두 시간은 반드시 소방수리학 계산 문제와 공식 유도 문제에 할애했다.

공부하다가 지치면 잠깐씩 밖으로 나가 근처 야산을 걸으면서 머리를 식혔다. 그래도 힘들면 책 위에 그대로 머리를 묻었다. 집에 돌아오면 눈에 들어오는 모든 곳이 공부였다. 도저히 외워지지 않는 것들은 싱크대와 화장실, 거실 유리창 위에까지 빼곡히 붙여놓았다.

가장 괴로운 건 눈이 빠질 것같이 아파오는 통증이었다. 12시가 넘어 집에 돌아오면 몸은 지치고 시험에 대한 압박 때문에 편하게 잠이 오지 않았다. 1시가 넘어 겨우 4~5시간을 자다 깨기를 반복했고, 다시 새벽에 일어나곤 했다.

'그래봐야 한 달 남짓이야, 조금만 버티자.'

스스로를 달래보려 했지만, 버티기에는 너무 힘들고 고통스러웠다. 그 무렵, 여기저기 아파오던 통증이 온몸으로 퍼져나갔다. 갱년기 증상이 본격적으로 시작된 것이다. 관절이 아프고 손가락 마디가 쑤셨다. 번열증과 함께 두통이 밀려왔고, 얼굴은 이유 없이 벌겋게 달아올랐다. 게다가 종일 책상 앞에 앉아 있다 보니, 온몸이 성한 곳 하나 없이 아팠다.

'엄마, 아버지 너무 힘들어요…. 제 머리 한 번만 쓰다듬어 주실 수 없나요?'

외로움이 밀려왔고 그리움은 탄식이 되어 흘러나왔다.

드디어 8월 3일 운명의 날이 다가왔다. 시험장에 입실하면서 느껴지는 마음이 이전과는 사뭇 달랐다. 오전 9시에 1교시를 시작으로 오후 5시 20분까지 기나긴 시험이 시작되었다. 13개의 문제가 주어지고 그중에 10개의 문제를 풀어야 하는 1교시 시험은 망설임 없이 답안을 작성해 나갔다. 2교시가 시작되었다. 6개의 문제가 주어지고 4개의 문제에 대한 답안을 작성해야 한다. 답안지를 받아든 순간 온몸에 전율이 흘렀다. 6개의 문제 모두 잘 아는 내용이라 무엇을 버리고 무엇을 취해야 하는지 판단이 서질 않았다.

시험지를 넘기자, 가장 먼저 고분자 물질 연소 시 생성되는 연소가스의 종류와 인체에 미치는 유해성을 묻는 문제가 눈에 들어왔다. 화재가 발생하면 고분자 물질에서는 셀 수 없이 많은 독성가스가 발생하고, 그 종류에 따라 인체에 치명적인 농도 기준도 제각각이다. 준비하지 않았다면 손대기 어려운 문제였다. 이번 시험이 기회였을까. 언젠가는 출제될 것 같아 미리 정리해두고 매일 반복해 익혀온 내용이 떠올랐다. 나는 그 기억을 더듬어 답안지를 써내려가기 시작했다.

그러나 자신감에 취해 답안을 작성하다 보니, 100분의 시간 중 40분이 훌쩍 지나가 있었다. 계산 문제와 법규 문제는 정확히만 쓰면 고득점을 받을 수 있다고 판단해, 부랴부랴 남은 시간을 다시 배분하며 답안을 써내려갔다. 신기할 만큼 모든 것이 한 치의 오차도 없이 맞아떨어졌고, 종이 울리는 순간 볼펜을 내려놓았다. 3교시 시험 역시 큰 어려움 없이 마쳤다. 4교시는 다소 낯설고 까다로운 문제들이 출제되었지만, 그동안 쌓아온 공부를 믿고 끝까지 답안을 완성했다.

손목이 아파 팔이 덜덜 떨렸다. 왼손으로 오른손 손목을 붙든 채 100분을 써내려가고 나서야, 오후 5시 20분 마지막 종이 울렸다. 지난 35일간 뜨거운 여름을 오롯이 오늘 하루를 위해 견뎌낸 대가였다. 땅을 딛고 일어설 기운조차 없이 후들거리는 몸으로 시험장을 나섰다. 집에 돌아가는 길, 내가 할 수 있는 것은 이미 모두 쏟아냈다는 후련함만이 남아 있었다. 최선을 다했기에 후회는 없었다. 합격과 불합격, 그 모든 결과는 하늘의 뜻에 맡기기로 마음먹었다.

합격자 발표일은 모두가 초긴장 상태였다. 학원 원장님은 바람이라도 쏘일 겸, 함께 공부하던 일행들과 남한산성에 가자고 했다. 9월 19일 낮의 공기는 아직 뜨거웠고, 초가을 아침 일찍 지하철을 타고 목적지로 향했다.

9시가 가까워지자 마음이 어지럽게 뛰기 시작했다. 손에 땀이 나도록 움켜쥔 휴대폰을 좀처럼 놓지 못한 채, 시계가 9시를 가리키기만을 조마조마하게 기다리고 있었다. 8시 59분, 갑작스러운 진동음이 손끝에서 느껴졌다. 아직 9시가 아닌데…. 설마 하는 떨리는 마음으로 휴대폰을 열었다.

"임정열 님, 기술사 제104회 필기 합격을 축하드립니다. 응시자격 서류 제출 바랍니다. 한국산업인력공단"

세상을 다 얻는다는 말이 이런 걸까. 심장이 터져나갈 것 같았다. 손이 떨려서 전화를 거는 것도 어려웠다. 남편과 아이들에게 '엄마 합격했다' 울먹이며 떨리는 목소리로 기쁜 소식을 알렸다. 당시에는 합격자 이름을 공개했기에 축하 전화가 빗발치듯 걸려왔다. 믿기지 않는 들뜬 심정으로 남한산성을 돌고 집에 와서 남편과 아이들과 함께 기쁨을 나누며 격려의 말로 서로에게 감사하는 시간을 가졌다. 정신없이 하루가 가고 자정이 넘은 시간에 거실에 홀로 앉아 있자니 지나온 세월들이 주마등처럼 흘러갔다. 아버지가 몹시도 보고 싶고 그리웠다. 거실 창밖으로 어둠을 헤치며 늘어선 가로등 불빛을 바라보며 조용히 되뇌었다.

"아버지…. 저, 막내딸 여기까지 왔어요. 아버지 보고 싶어요. 그리고 감사합니다."

그 순간만큼은, 아버지와 나 둘만의 시간이었다.

기술사 시험은 필기시험을 통과한 뒤, 면접시험까지 거쳐야 비로소 마무리된다. 얼굴을 마주하고 진행되는 면접시험은 2년 안에 총 일곱 차례가 치러지며, 이 모든 과정을 통과해야 기술사로 인정받는 국가기술자격증을 받을 수 있다. 첫 번째 면접에서 합격하는 경우는 드문 편이었지만, 나는 반드시 첫 관문에 넘고 싶었다. 필기시험은 생각을 정리해 답안을 작성할 시간도 있고 잘못 쓰면 오답을 고쳐 쓸 여지도 있다. 하지만 면접시험은 다르다. 면접관 앞에서 질문을 듣고 즉각적으로 답해야 하기에 압박감이 결코 만만치 않다.

실제로 면접에서 최종 탈락하는 사례도 종종 발생한다.

학원에서는 면접 대비 모임을 마련해주지만, 결국 가장 중요한 건 스스로 공부하고 준비해서 자신을 단련하는 것뿐이다. 나 역시 두려움이 없었던 것은 아니지만, 최선을 다해 대비했다. 필기시험을 준비하며 정리해두었던 내용은 물론 〈소방방재신문〉에 실린 각종 기술 자료와 기사들, 최근 발생한 화재 사고와 그에 따른 주요 이슈들을 꼼꼼히 살펴보고 정리했다. 여기에 더해 관리사로 근무하며 쌓아온 실무 경험을 체계적으로 정리하며 면접 준비를 이어갔다.

면접일, 세 명의 면접관과 마주하여 주어진 질문에 소방시설관리사로 일했던 경험을 바탕으로 최근에 발생한 화재의 원인과 대책에 대해 최선을 다해 성의껏 답했다. 드디어 기술사 최종 합격자 발표일인 11월 14일 아침이 밝았다. 오전 8시 59분, 휴대폰이 다시 흔들렸다.

"임정열 님, 기술사 제104회 면접시험 합격을 축하드립니다. 한국산업인력공단"

잠시 화면을 바라보다가 휴대폰을 내려놓았다.

곧 아들에게서 문자가 왔다.

"엄마는 너무 훌륭해서 더 이상 무어라 할 말이 없어요."

내 생애 최고의 찬사였다.

마지막 관문을 향한 도전

'짜낼 수 있는 한 모든 것을 쥐어짰다'라는 말 외에는 달리 표현할 길이 없던 소방기술사 시험에 합격한 뒤, 기술사로서 일할 곳을 찾아 나섰다. 그러나 나를 필요로 하는 마땅한 회사는 쉽게 나타나지 않았다. 결국 체력적으로 버거워 이제는 그만해야겠다고 마음먹었던 관리사 일을, 어쩔 수 없이 약 6개월 더 이어갔다. 그러던 중 마포구 합정동의 한 주상복합 건축물 신축 현장에서 소방감리로 출근해 달라는 요청을 받았다.

기사 시절부터 관리사에 이르기까지 소방 분야에서 일해온 시간은 꽤 되었지만, 소방기술사로서 감리 업무를 맡는 것은 처음이었다. 현장의 상황은 결코 호락호락하지 않았다. 공사는 이른 아침부터 시작됐다. 콘크리트 타설이 이루어지기 전, 현장에 먼저 도착해 검측을 하고 공사 과정을 하나하나 확인해야 했다. 동시에 불법 자재 사용을 막기 위해 자재 선정 과정을 검토하고, 공사에 쓰일 자재가 현장으로 반입될 때마다 이를 직접 확인하고 검수하는 일도 빠뜨리지 않았다. 특히 건축과 소방설비 공사 간에 괴리가 생기지 않도록 긴밀한 협업이 필수였고, 건축도면과 소방도면의 일치 여부를 확인하는 과정 등 하루하루가 중요한 업무의 연속이었다.

매일 반복되는 과정 속에서 나는 현장에 익숙해졌다. 하루하루 시간이 쌓이고, 일주일에 한 층씩 건물이 높아질 때마다 느끼는 뿌듯함도 함께 커져갔다. 남자들로 가득한 공사 현장에서 여자 혼자 안전모를 쓰고 안전화를 신은 채 뚜벅뚜벅 현장을 누비다 보면 일하는 사람들이 신기하다는 듯 호기심 어린 시선을 보내곤 했다. 그 눈길마저도 그다지 싫지 않았다.

어려움은 많았지만, 신축 현장의 모든 공정이 마무리되고 온갖 소방시설이 제대로 설치되었는지, 정상으로 작동하는지 확인하는 과정을 거치며 소방서를 들락거린 끝에 마침내 소방 준공을 받아 드디어 건축물을 최종적으로 사용해도 좋다는 사용승인이 떨어졌다. 그 순간 나 자신이 대견하게 느껴졌다. 지금도 그 근처를 지날 때면 현장에서 있었던 에피소드들이 떠올라 혼자 피식 웃기도 하고, 많은 사람들로 북적이는 환한 불빛의 건물을 보며 감회에 젖곤 한다.

현장 감리를 마치고 나니, 설계사에서 일해보고 싶다는 마음이 들었다. 공사는 결국 설계 단계에서 계획하고 그린 도면을 바탕으로 진행된다. 그렇다면 기술사로서, 더 나아가 진짜 엔지니어로 거듭나기 위해서는 설계부터 시작해 마무리 공정까지 직접 경험해야 한다는 생각에 이르렀다.

건축물이 어떤 과정을 거쳐 계획되는지, 그 과정에서 건축과 소방이 어떻게 유기적으로 맞물리는지, 그리고 소방 설계가 어떤 흐름으로 진행되는지를 몸소 겪어볼 필요가 있었다. 그 경험이 있어야만 비로소 한 단계 더 성장할 수 있을 것이라 판단했다.

때마침 한 설계회사에서 함께 일해보지 않겠느냐는 연락이 왔다. 이직을 고민하던 터라 면접을 보기 위해 사무실을 찾았다. 그런데 첫 대면 자리에서 대표님이 느닷없이 물었다.

"건축기계설비기술사 공부를 좀 해주실 수 있을까요?"

너무 뜻밖의 말에 나는 얼떨결에 되물었다.

"네? 아이고, 대표님. 저 공부하기 싫어요. 너무 힘들어서 이제 그만하겠다고 마음먹었어요."

그러자 대표님은 웃으며 다시 말했다.

"그래도요, 한 번만 시작이라도 해주시면 안 될까요?"

어이가 없고 황당한 마음에 나는 잠시 말없이 대표님의 얼굴만 바라보고 있었다. 그때 문득, 마음속에서 또렷한 목소리가 들려왔다.

'회사를 위해 필요한 자격증이라 해도, 결국 공부해서 자격증을 취득하게 되면 그건 내 것이 아닌가. 자격증의 진짜 주인은 결국 나다.'

건축기계설비기술사 과정을 알아보기 위해 인터넷을 검색하자, 여러 책자와 학원의 홍보 게시물이 눈에 띄었다. 관련 도서를 주문하고 학원을 찾아 상담을 받았다. 당시 나는 소방기술사 자격을 취득한 이후 건축·소방·방재 분야 전반에 대한 관심이 깊어졌고, 더 전문적인 지식을 쌓고 싶어 대학원 석사과정도 병행하고 있었다. 그렇기에 무엇보다 가장 큰 과제는 시간 확보였다.

인터넷 강의를 신청하고 기본 교재를 정한 뒤, 역시나 무조건 읽어나가는 방식으로 공부를 시작했다. 회사에 출근해서도 양해를 구해 틈틈이 관련 서적과 수험서를 펼쳤고, 퇴근 후나 주말에는 도서관을 찾았다. 그만큼 체력은 빠르게 소진되기 시작했다. 2017년도 시험 일정이 발표되었다. 보통은 2월에 기술사 첫 시험이 치러지지만, 유독 그해만은 1월로 앞당겨져 있었다. 이대로는 안 되겠다는 생각이 들었다. 결국 대표님께 12월 한 달만이라도 출근을 멈추고, 공부에 집중할 수 있게 해달라고 부탁했다.

이번에도 공부하러 향한 곳은 교회였다. 목사님은 또다시 언제든지 와서 공부하라며 두말없이 허락했다. 그다음 날부터 나는 소방기술사를 준비하던 때와 똑같이, 새벽에 나와 밤늦은 시간까지 공부에 매달렸다. 소방을 공부할 때는 찌는 듯한 여름이었다면, 이번에는 혹독한 겨울이었다. 매서운 추위를 견디며 공부하는 일은 몸과 마음 모두를 지치게 했다. 그 시간들은 괴롭고 힘겨운 과정이었지만, 견뎌야 할 시간임을 스스로 알고 있었다.

가장 괴로웠던 것은 눈의 통증이었다. 2014년 소방기술사를 준비하던 때보다 시력은 더 빠르게 나빠졌다. 안경을 새로 맞춰도 석 달이 지나면 다시 바꿔야 할 만큼 시력 저하가 심했다. 하루 종일 책을 들여다보고 있으면 저녁에는 글자가 희미해져 거의 보이지 않았다. 그럴 때마다 눈은 스스로 보호하기 위해 저절로 눈물을 흘려보냈다. 집으로 돌아오면 시험에 대한 압박감 때문에 제대로 잠을 이룰 수 없었다. 그 시기에 내가 할 수 있는 일은 그저 최선을 다하고 지혜와 용기를 구하는 것뿐이었다.

드디어 2017년 1월 22일, 시험 날 아침이 밝았다. 시험장을 향하는 중에도, 교실에 도착해서도 한 글자라도 더 보려 교재를 붙들고 읽고 또 읽었다. 1교시 시험이 시작됐다. 10문제를 골라, 그동안 공부해온 내용을 떠올리며 차분하게 답안을 채워나갔다. 기계공학의 일반적인 이론과 이해를 묻는 지문들이 출제되었는데, 소방기계 분야의 이론과 일맥상통하는 문제들도 몇 문항이 있어 도움이 되었다.

2교시와 3교시를 마치고 맞이한 4교시에서는 의료시설의 감염 문제와 환기 설비에 대한 대책을 제시하는 문제가 출제됐다. 당시에도 메르스와 사스, 신종플루 등으로 호흡기 질환과 관련해 여러 차례 어려움을 겪은 터였다. 그 경험을 바탕으로 의료시설의 문제점을 정리하고 대안을 준비해두었기에, 비교적 충실하게 답안지를 채울 수 있었다.

오후 5시 20분, 시험장을 나서니 매서운 겨울 해는 이미 저물어 사방이 어둑해지고 차가운 바람이 옷 속으로 파고들었다. 기술사 시험을 마치고 돌아가는 길은 늘 그렇듯 어깨는 축 처지고 발걸음은 휘청거렸다.

1차 시험 발표일 아침, 출근길에 엘리베이터를 탔는데 그 안에서 대표님을 만났다. 시간은 어김없이 8시 59분. 그때 기분 좋은 카카오톡 알림음이 울렸다. 기대에 차 휴대폰을 열어보니 "임정열 님, 기술사 111회 필기 합격을 축하드립니다"라고 메시지가 와 있었다.

나도 모르게 주먹을 힘차게 쥐고 아주 작게 외쳤다.

"예스."

다시 한번 세상을 다 얻은 듯한 기쁨이 밀려왔다. 대표님도 나도 함께 파이팅을 외쳤다. 사무실에 도착하자 임직원들이 "정말이에요? 진짜 축하드려요!" 하고 믿기지 않는다는 표정으로 말을 건넸다. 구름 위로 나는 기분에 마음이 붕 떠올라서 하루가 어떻게 흘러갔는지도 모를 만큼 시간이 빠르게 지나갔다.

하지만 기술사의 최종 관문은 면접이었다. 짧았던 공부 기간을 만회하기 위해 '대한설비공학회'의 각종 자료와 정보를 유료로 구입해 하나하나 살펴보며 공부했다. 그럼에도 부족하다고 느껴지는 부분은 직접 채워야 했다. 기계설비 설계사를 찾아가 현재 적용되고 있는 난방·냉방 방식은 물론, 새롭게 도입되는 에너지 절약 기술과 신재생에너지 설계, 설비별 특징과 효율까지 꼼꼼히 정리했다. 더 나아가 건축 현장에서 실제로 적용되는 설비들의 공사 방법과 각각의 특성,

성능을 이해하기 위해 시공 현장을 찾아다니며 발로 뛰었다. 하나라도 더 보고, 하나라도 더 익히기 위해 고군분투했다.

드디어 면접날이 다가왔다. 세 명의 면접관은 나를 유심히 살피며, 당시 이슈가 되었던 라듐으로 인한 환경 피해 문제를 비롯해 에너지 재생 기술, 열역학에 대한 기초 지식까지 다양한 질문을 던졌다. 질문은 끊이지 않았고, 답변을 재촉하는 분위기였다. 그동안 준비하고 공부해온 덕분에 적지 않은 질문에는 답할 수 있었지만, 마음속 두려움까지 사라진 것은 아니었다. 내가 아는 것은 아는 만큼 솔직하게 말하고, 부족한 부분은 부족한 대로 인정하며 최선을 다해 답했다. 그리고 더 배우고 익히겠다는 각오를 담아 말을 마쳤다.

드디어 최종 합격자 발표일이 다가왔다. 2017년 4월 28일, 오전 8시 59분. 여지없이 울릴 것이라 믿었던 카카오톡은 끝내 조용했다.

'떨어졌구나. 이제 면접을 또 어떻게 준비해야 하지…'

낙심한 마음에 한숨이 저절로 새어 나왔고, 눈앞이 캄캄해졌다. 얼마나 못했기에 떨어졌는지, 낙방 점수라도 확인해 보자는 마음으로 컴퓨터를 열고 산업인력공단 홈페이지에 접속했다. 그 순간, 눈앞에 믿기 어려운 문장이 떠올랐다.

"임정열 님, 111회 기술사 면접 시험 합격을 축하합니다."

한동안 화면을 그대로 바라보고 넋 빠진 사람처럼 앉아 있었다.

산업인력공단의 전산 오류로 인해 합격 문자가 대량으로 발송되지 않는 상황이었다. 놀람과 기쁨에 겨워 홈페이지를 나갔다가 다시 들어가서 확인하기를 몇 번이고 반복했다. 사무실 곳곳에서는 믿기 어렵다는 듯한 감탄이 여기저기서 터져 나왔다.

아들과 딸은 이런 카톡을 보내왔다.

"엄마, 도저히 믿어지지가 않아. 진짜 합격한 거 맞아~?"

그리고 대학원 수업에 출석했을 때였다. 아낌없는 지지를 보내주던 은사 교수님이 복도 끝에서 두 팔을 번쩍 든 채 손을 흔들며 나를 향해 달려오고 있었다.

"아이고, 우리 최고령 합격자 임정열 기술사님. 합격을 축하해요. 정말 많이 고생했어요."

나에게 들려주는 이야기

《초한지》의 대장군 한신은 조나라 진여와의 정형 전투에서 5만의 병력으로 무려 20만 대군을 격파하는 혁혁한 공을 세웠다. 그는 물러설 수 없는 배수진을 치고, 이길 수밖에 없는 전장을 만들었다. 죽느냐 사느냐의 갈림길에 선 병사들에게는 극한의 에너지를 끌어내 싸우는 것 말고는 다른 선택지가 없었기 때문이다.

2007년 새해, 나와 남편은 새로운 도전을 결심했다. 이대로 세월에 떠밀려 무기력하게 흘러가다가는 끝내 어디로 표류하게 될지 모른다는 불안이 컸다. 더 이상 물러설 수 없다는 판단 끝에 우리는 스스로에게 배수의 진을 쳤다. 파도처럼 밀려오는 생활의 압박과 아이들 대학 등록금까지, 경제적인 어려움은 이제 더는 미룰 수 없는 선택을 요구하고 있었다.

나는 생각했다. 아니 생각을 쥐어짰다고 해야 할까. 분식집이라도 해볼까, 그건 돈이 없었다. 길거리에서 붕어빵을 구워볼까, 그건 용기가 없었다. 지금처럼 육체적인 노동에 의존해서 일하는 건 머지않아 체력이 소진되고 나이를 먹어갈수록 바닥을 보일 것이 뻔했다. 지금도 나이가 많아서 어디를 가던 푸대접이 다반사인데, 그렇다면 나이와 상관없이 끝까지 일할 수 있는 일은 무엇일까.

그러던 중 소방을 만났다. 우연을 가장한 운명처럼, 길고 어두운 터널 끝이 어렴풋이 보이기 시작했다. 안개 속이었지만, 희미한 불빛이 깜빡이며 끝이 가까워졌음을 알려주고 있었다. 마치 누군가 "이제 거의 다 왔으니 조금만 더"라고 말을 건네는 듯했다. 그동안 여러 번 실패를 거듭한 뒤라 남편과 나는 머리를 맞대고 수없이 고민했다. 공부를 시작한다면 앞으로 어떤 일이 펼쳐질지, 이 선택이 일시적인 도전으로 끝나지는 않을지, 앞으로도 계속 유용한 분야일지 돌다리도 두드려보고 건너는 마음으로 학원을 몇 군데 찾아가 상담을 받으며 하나하나 가능성을 확인해나갔다.

그리고 마침내 결론에 이르렀다. 지금 우리가 처한 상황에서, 공부가 가장 현실적인 대안이라는 판단이었다. 당장 눈앞에 달콤한 열매가 열리는 선택은 아니었다. 오히려 공부를 시작하면 당분간 수입이 더 줄어들 가능성도 컸다. 그럼에도 자격시험에 합격하고 준비가 갖춰진다면, 미래는 적어도 예측 가능한 범위 안으로 들어올 수 있을 것이라 생각했다. 그리고 무엇보다 중요한 사실 하나가 있었다. 비록 나이는 들었지만, 어떤 방식으로든 내가 공부의 끈을 놓지 않고 있었다는 것이 이 도전에 나설 수 있는 가장 큰 자신감이 되어주었다.

아무리 자신감이 넘쳤다고 해도 거저 얻어지는 것은 없었다. 남편과 나는 함께 도서관에 다니며 문제집을 풀어나갔다. 둘이서 공부하니 시너지 효과도 분명했다. 이해되지 않는 부분은 서로 묻고 답하며 정리할 수 있어, 혼자 할 때보다 덜 지루하고 답답했다. 함께 공부하다 보니 새벽이나 저녁 시간에 텔레비전을 켜는 일도 자연스럽게 줄었다. 버려지는 시간 없이 하루를 알뜰하게 쓰게 된 것이다. 그 결과, 기대했던 대로 소방기사 시험에서 기계와 전기 부문 모두 8개월 만에 합격의 기쁨을 맛볼 수 있었다.

함께 공부를 시작한 남편도 소방 쌍기사 자격증을 취득한 뒤, 여기저기 일자리를 알아보기 시작했다. 어디서든 반갑게 맞아주는 나이는 아니었지만, 다행히 한 소방용품 제조

업체에서 남편을 받아주었다. 소방용 제연설비에 사용되는 댐퍼를 가공·제작하는 회사였다.

그러던 어느 날, 남편이 집에 돌아와 이렇게 말했다.

"오늘 소방기술사를 만났어. 두 사람이 제품을 심사하는 데 회사로 왔더라고~!"

난생처음 기술사를 만난 남편은 신기함과 부러움이 뒤섞인 표정으로 내게 말을 건넸고, 그 모습을 보니 마음이 짠해졌다. 그때 나는 남편의 두 손을 잡고 이렇게 말하고 싶었다.

'여보, 내가 있잖아. 당신을 위해서라도 소방기술사 기필코 해낼 거예요.'

소리 내어 말하진 않았으나 난 또다시 다짐했다. 당신을 위해서라도 기어이 해내고야 말 거라고.

괴테는 이렇게 말했다.

"고통이 남기고 간 뒤를 보라. 고난이 지나면 반드시 기쁨이 스며든다."

인생 앞에 놓인 피할 수 없는 어려움을 받아들이고, 그것을 내 안에서 견디며 승화하려는 노력은 결코 헛되지 않다. 교과서 같은 말처럼 들릴지라도, 그 시간을 지나온 사람만이 알게 되는 진실이 있다. 고통의 시간은 결국 사람을 더 단단하게, 더 성숙하게 만든다는 사실이다.

나는 마침내 2011년, 쉰 살의 나이에 소방시설관리사 시험에 합격했고, 2014년에는 쉰셋이 되어 소방기술사 자격증을 손에 쥐었다. 그토록 간절히 품어왔던 꿈이 마침내 현실이 된 순간이었다.

자격증을 손에 들고, 나는 역곡에 살 때 우유 배달하던 곳을 찾았다. 우비를 입고 폭우 속에 달음박질하던 아기 엄마의 모습이 떠올랐다. 그때의 내가, 여전히 그 자리에 있는 듯했다. 그리고 헤질녘, 압구정의 키페거리를 기로등이 환히 거리를 비출 때까지도 몇 번이고 오르내렸다.

"여봐요, 아줌마! 여기 오렌지 주스 다섯 병 주고 가요!"

스물여덟 살 그때, 나는 주스 아줌마였었지.

50년 만에 내게 준 선물

2017년 4월, 건축기계설비기술사에 합격한 뒤로는 2007년부터 이어져온 자격시험 행군에 마침표를 찍고 싶었다. 사람들은 다음에 어떤 자격증을 준비할 거냐며 연신 물었지만, 더 공부할 마음은 없었다. 무엇보다 지난 10년 동안 공부에 매달려 살아온 탓에 마음은 지치고 육체적인 피로가 한계에 다다랐다는 것을 분명히 느꼈다. 그래서 거창한 계획은 없었지만, 스스로에게만큼은 이 시간을 의미 있게 기억할 수 있는 작은 상을 주고 싶었다.

건강을 위해 가끔 다니기 시작한 등산은 어느새 즐거움이 되었다. 복잡한 머리를 식혀주는 것은 물론이고, 좁쌀만한 꽃 하나에도 시선을 잡아끄는 산행길은 자연의 오묘함과 생명의 신비를 새삼 느끼게 했다. 자연과 소통하며 걷다 보면 불쑥불쑥 솟아오르던 세상살이의 욕심도 조금씩 내려놓게 된다. 더없이 훌륭한 치료제였다. 식은 밥 한 덩이에 풋고추를 된장에 꾹 찍어 먹는 점심은 또 얼마나 꿀맛이던지. 무엇보다 근력과 지구력이 차츰 좋아지며, 튼튼한 몸으로 삶을 지켜갈 수 있다는 사실 역시 큰 매력으로 다가왔다.

그렇게 산을 오르다 보니, 어린 시절 무엇에 홀린 듯 가보고 싶었던 신비롭게 느껴졌던 그곳이 수십 년의 시간을 건너 기억 저 깊은 곳에서 불현듯 떠올랐다. 어른이 되면 꼭 가보고 싶다고 마음속에만 품어두었던, 가녀렸던 소망.

"맞아, 히말라야."

어쩌면 설인이 살고 있을지도 모른다고 믿었던 그곳을 향한 그리움은, 다시 살아 숨 쉬는 갈망이 되어 내 가슴을 뛰게 만들었다. 이왕 다시 뛰기 시작한 심장이라면, 나는 세월을 거슬러 40여 년 전의 그 아이에게 히말라야를 보여주고 싶었다.

봄이 지나고 여름을 보내는 동안, 나는 소풍날을 기다리는 아이처럼 손꼽아 가며 가을이 오기만을 기다렸다. 혹시라도 무슨 일이 생겨 떠나지 못하게 되면 어쩌나 하는 조바심에 마음을 졸이며 지낸 끝에, 그날이 다가왔고 드디어 열흘 일정으로 그토록 소원하던 네팔 행 비행기에 몸을 실었다.

히말라야에는 해발 8,000미터가 넘는 봉우리가 무려 열네 개나 있다. '세계의 지붕'이라 불릴 만큼 장대한 산들, 어린 시절부터 책과 이야기 속에서 익숙해진 이름들이다. 안나푸르나, 에베레스트, 마나슬루…. 그 이름들이 현실이 되는 땅, 그곳에 내가 와 있다는 사실만으로도 이미 충분히 행복했다.

우리 일행은 안나푸르나 베이스캠프까지 걸어서 올라갔다가 다시 걸어서 내려오는, 이른바 ABC 코스를 다녀오기로 했다. 네팔의 수도 카트만두에서 다시 쌍발 비행기를 타고 포카라로 향하던 날, 하늘에서 내려다본 히말라야 산맥은 '웅장하다'는 말로도 감히 표현하기 어려운 경이로운 풍경을 펼쳐 보여주었다. "와아!" 감탄이 터져 나왔고, 스무 명 남짓 타고 있던 작은 비행기는 그 환호에 들썩였다.

포카라 공항에 도착한 뒤 트레킹 시작 지점까지 지프차를 타고 너덜대는 돌길과 흙길을 한참 달렸다. 그러다 더 이상 앞으로 나아갈 수 없는 지점에 이르자, 그 차는 우리를 내려놓고는 미련 없이 돌아가 버렸다. 이제부터는 두 발로 걸어야 했다. 저 멀리, 만년설로 덮인 하얀 산군들이 간간이 모습을 드러내며 봉우리를 내밀고 있었다.

지프차에서 내린 우리 일행은 신발 끈을 단단히 조여 매고 천천히 걸음을 옮겼다. 첫 번째 롯지에서 하룻밤을 보내고 히말라야의 아침을 맞은 뒤 본격적인 트레킹을 시작했다. 눈을 뜨면 가져다주는 따뜻하고 향기로운 밀크티를 시작으로 아침을 먹고 걷고, 점심을 먹고 다시 걷고, 저녁이면 히말라야의 야생화 향기에 취한 채 그 품 안에서 달콤한 잠에 빠져들었다.

9월의 네팔 하늘은 건기가 시작되어 한층 맑고 푸르렀다. 높이 떠 있는 흰 구름은 반나절 넘게 계단을 오르내리며 흘린 땀을 씻어주는 듯했고, 언덕 위에 올라서면 저 멀리 세계 3대 미봉 가운데 하나인 마차푸차레 봉우리가 물고기 꼬리처럼 우아하고 황홀한 모습을 드러냈다. 고혹적인 자태로 우리를 향해 어서 오라 손짓하는 모습에 나는 그만 몽롱한 환상의 세계로 빠져들고 말았다.

길을 걷다 만나는 산골마을의 풍경은 마치 1960년대로 되돌아간 듯, 고향의 정취가 짙게 묻어났다. 집집마다 물소를 키우고, 마당에서는 암탉이 병아리를 데리고 모이를 쪼아 먹고 있었다. 아랫도리를 벗은 채 걸음마를 배우는 아이들은 엄마 손을 꼭 붙잡고 있었고, 네댓 살쯤 된 아이들은 마을 길을 뛰어다니며 놀이에 여념이 없었다. 영락없이 어린 시절

고향 마을의 모습 그대로였다. 산굽이를 넘고 빙하 계곡을 건너며 넓게 펼쳐진 평지에서 히말라야 품속의 야생화를 바라보며 잠시 쉬는 시간은, 솜사탕을 한입 베어 물었을 때처럼 달콤하면서도 금세 사라져 아쉬웠다. 우리 일행은 촘롱과 데울랄리를 지나 이틀을 꼬박 걸어 해가 설산에 기울어갈 즈음 베이스캠프에 도착했다.

다음 날, 달빛마저 고요한 이른 새벽에 일어나 안나푸르나 베이스캠프를 향해 출발했다. 나무 한 그루 없는 산길 위에는 바닷가의 모래처럼 셀 수 없이 쏟아지는 별빛이 가득했고, 그 사이로 달빛을 닮은 물소리가 이어졌다. 한 땀 한 땀 수놓듯 4,130미터를 향해 걸어 올라가는 새벽의 풍경은 마치 이곳이 지구가 아닌 또 다른 행성인 듯 신비로웠다.

한 시간 남짓, 숨소리조차 삼켜지는 고요 속에서 마주한 안나푸르나. 그 장엄함을 무엇으로 표현할 수 있을까. 눈앞에 펼쳐진 모든 것이 황금빛이었다. 숨이 막혔다. 금빛으로 타오르는 거대한 산군을 바라보는 순간, 주체할 수 없이 감정이 북받쳐 올랐다. 이 웅대한 광경을 보기 위해 나는 얼마나 먼 길을 걸어온 걸까. 막연한 동경과 철없던 열망 하나를 품고 얼마나 긴 세월을 돌아 여기까지 왔던가. 열 살 남짓한 아이가 마음속에 품었던 신비한 나라. 그 나라를 가슴에 담고 싶어 숨을 크게 들이마시고 또 들이마셨지만, 내 가슴은 그 모든 것을 담기에는 너무도 좁았다.

안나푸르나를 내려와, 만년설과 빙하가 녹아 만들어진 푸르고 광대한 페와 호수에 비친 히말라야 산군을 바라보았다. 물결에 따라 일렁이며 데칼코마니를 이루는 장대한 물그림자는 황홀할 만큼 아름다웠다. 그 모습을 바라보는 사이, 저 높은 곳에서 금빛으로 타오르던 산들이 그리워졌다. 나는 속으로 물었다. 언제 다시 이곳을 찾을 수 있을까.

그곳은 어린 날의 작은 바람이 오래도록 머물러 있던 자리였다. 그 자리에서 나는 열 살짜리 촌스럽기 짝이 없던 꼬마애를 다시 만났다. 아버지를 따라 깡통치마에 빨간 고무신을 신고 달랑달랑 꽁무니를 쫓아 한탄강으로 철엽을 가던 아이. 아버지의 상여가 영영 집을 떠나던 날, "아버지"를 마지막으로 불러가며 아버지와 고향을 가슴에 함께 묻어야만 했던 단발머리 소녀. 한 손에는 옷 보따리를, 다른 한 손에는 책가방을 들고 대추나무 울타리가 그득한 집을 떠나 개울을 건너던 그 아이를 나는 힘껏 안아주었다.

어느새 그 아이는 자라 어른이 되었고, 세상의 풍파에 부딪히면서도 끝내 놓지 못한 희망 하나를 품고 살아왔다. 자기 이름으로 이 땅을 딛고 서서 살고 싶다는 바람. 그 작은 열망을 이루기 위해 잠 못 이루며 뒤척이던 고뇌의 시간들, 한 걸음씩 헤쳐나가며 견뎌야 했던 외롭기 짝이 없던 사십 년이 훌쩍 넘는 세월을 건너, 나는 지금 이 자리에 서 있다.

그때, 아이가 나의 눈을 바라보며 말했다.

'안녕, 어서 와. 이제야 왔구나. 나는 열 살부터 이곳에 와서 너를 기다리고 있었는데…'

안나푸르나를 오르고 내리는 길목에서 나는 히말라야의 물류를 책임지는 유일한 이동 수단인 조랑말과 당나귀, 그리고 노새 수십 마리가 만들어내는 방울소리를 들었다. 짐을 싣고 천천히 오르내리며 울리던 그 소리는, 마치 하늘에서 쏟아져 내리는 천상의 음악 같았다.

"왈랑, 왈랑…. 찰랑, 찰랑…."

몇 시간이고 히말라야 계곡을 가득 채우던 그 방울 소리가 마음이 힘든 날이면 문득 그리워진다. 어떤 음악회에서도 들을 수 없는 위로와 희망의 노래로, 일렁이는 마음을 잔잔히 두드리던 그 종소리를.

나름 최선을 다했다고
스스로 다독이며 책을 덮지만,
낯선 단어와 이해되지 않는 공식들은
이내 조각조각 흩어져 기억 속에서
휘발된다. 그러나 한 번, 두 번
다시 책갈피를 넘기다 보면 어느 순간
흩어졌던 기억의 파편들이
하나둘 제자리를 찾아 모여드는 때가
온다. 마치 한 알 한 알 진주를
실에 꿰어 마침내 하나의 진주목걸이를
완성해가듯이.

3장

공부는 출발선이 아니라, 살아가는 방식이다

: 학벌이 아닌 진짜 공부

힘겨운 날들을 버텨왔지만,
그 시간들이 오직 어둠뿐이었던 것은
아니다. 결핍은 내 안에
성장하려는 의지의 싹을 틔웠고
나는 하루하루 희망이라는 물을 주며
그 싹을 조용히 키워왔다.

나는 결코 머리가 좋지 않다

나를 두고 사람들은 흔히 "원래 머리가 좋으니까"라거나 "공부를 좋아하는 체질이잖아"라고 말하곤 한다. 그런 말을 들을 때마다 스스로에게 되묻는다. 과연 나는 머리가 좋은 사람일까, 아니면 공부를 좋아하는 사람일까. 내 대답은 늘 같다. "아니요"다.

1960년대 강원도의 작은 시골 마을에서 자란 내 어린 시절에는 '조기교육'이라는 말 자체가 생소했다. 그 의미를 알고 관심을 가질 사람도 거의 없던 때였다. 초등학교에 입학하면서 나는 '기역, 니은, 디귿, 리을' 같은 한글 자음조차 알지 못했다. 겨우 할 수 있었던 건, 이름 석 자를 더듬더듬 써 보는 일이 전부였다.

학교에 다니기 시작하고 보니 가장 어려운 과목은 산수

였다. 숫자 두 개를 더해 손가락 열 개를 넘어가면 셈이 막혔다. 덧셈이 그랬으니 뺄셈은 말할 것도 없었다. 그래서 산수책 여백에는 손가락을 대신해 셈을 하느라 그어놓은 삐뚤빼뚤한 막대기들이 가득 늘어서 있었다. 시험을 볼 때마다 시험지 가장자리 역시 마찬가지였다. 덧셈과 뺄셈을 대신해줄 작대기들로 여백이 빽빽하게 채워지곤 했다. 그 이후로도 수학은 늘 내게 가장 어려운 과목이었다. 늦깎이로 대입을 준비하던 때에도, 끝내 가장 버거웠던 것 역시 수학이었다.

그림에도 별다른 재주가 없어 미술 시간만 되면 머리가 아팠다. 같은 반 아이들은 엄마 얼굴이며 동물, 꽃을 제법 그려내고 색칠도 곱게 했지만, 나는 그림을 그리고 크레파스를 칠하는 그 모든 과정이 지루하고 재미없게만 느껴졌다. 매주 한 번씩 그림이 그려진 도화지를 들고 집에 돌아오면 언니는 늘 이렇게 말했다.

"우리 정열이는 그림을 그리면 꼭 양을 받아오네~"

어이없게도 나는 그 말을 들을 때마다 '양'이 아주 잘한 등급이라서 칭찬을 받는 줄로만 알았다.

그러나 어린 시절부터 내게는 남다른 것이 하나 있었다. 궁금증이 유난히 많았다는 점이다. 초등학교에 입학하기 전부터 나는 언니와 오빠들을 붙잡고 끊임없이 질문을 던졌다. 대문 앞 텃밭에 심어둔 콩은 어떻게 자라 콩깍지가 되는지, 감자를 땅에 심었는데 왜 다시 땅속에서 감자가 맺히는지 신기해하며 물어댔다. 하늘을 올려다볼 때면 보름달이 휘영청 밝다가 왜 조금씩 작아져 결국 별빛만 남긴 채 깜깜한 그믐이 되는지 궁금해했다. 그런 호기심 덩어리였던 나를 위해 오빠들은 서울에 다녀올 때마다 어린이 잡지를 사다주곤 했다. 그 속에는 재미있는 이야기들이 끝도 없이 담겨 있었다.

학교에서는 두 자리 숫자의 덧셈과 뺄셈도 버거웠지만, 잡지 속 세계는 전혀 달랐다. 미지의 땅과 낯선 나라, 지리와 역사, 신화에 이어 신기한 과학 이야기까지 읽을거리가 넘쳐났고, 나는 그 세계를 흥미롭게 탐독했다. 궁금하고 알고 싶은 세상에 대한 갈증은 점점 커졌고, 우리와는 전혀 다른 모습으로 살아가는 머나먼 나라 사람들의 이야기에 깊이 매료되었다. 아마도 이 끝없는 호기심이, 알고 싶은 것이 생기면 어떻게든 답을 찾으려 하고 그 과정에서 자연스럽게 책을 가까이하게 된 계기가 아니었을까 싶다.

당시 전기도 들어오지 않던 시골에서 누릴 수 있는 문화라고는 라디오 하나뿐이었다. 여름밤이면 매캐한 모깃불을 피워놓고 온 가족이 둘러앉아 지직거리는 잡음 속 AM 라디오 방송을 듣는 것이 유일한 오락거리였다. 저녁을 먹고 한여름 별빛이 가득한 지붕 아래에서 빨갛게 익은 수박을 나눠 먹으며, 유명 인사들이 나와 퀴즈를 맞히는 〈재치문답〉이라는 방송을 빼놓지 않고 들었다. 진행자는 유창한 언변과 재치 있는 말솜씨로 웃음을 선물하며 출연자들을 늘 "아무개 박사님~" 하고 불렀는데, 호기심 많은 나는 그 호칭이 궁금해서 박사가 무엇인지 물어보았다. 그러자 돌아온 대답은 이랬다. 무엇이든 척척 다 아는 사람을 박사라고 부른다는 것이었다.

'무엇이든 다 아는 사람!' 그 말에 나는 단번에 꽂혔다. 세상에 궁금한 것이 이렇게 많은데, 박사가 되면 정말 무엇이든 척척 다 알 수 있는 걸까. 그 순간 나는 결심했다. 박사가 되어야겠다고. 철부지였던 그 시절, 세상 물정이라고는 아무것도 모르던 나이에 박사가 되려면 무엇을 어떻게 해야 하느냐고 오빠들에게 물었더니, 공부를 열심히 해서 대학에 가고, 그다음에는 비행기를 타고 미국이라는 나라까지 가서 아주 많이 공부해야 한다는 대답이 돌아왔다. 믿기지 않을지도 모르지만, 나는 그날 박사가 되겠다는 마음을 조용히, 아주 비밀스럽게 가슴속에 품었다.

세월이 얼마나 흘러간 걸까. 어린 시절, 야무지게 다짐했던 '박사가 되겠다는 꿈'은 이미 오래전에 기억 저편으로 사라진 듯했다. 풀어내지 못한 수많은 호기심과 궁금증을 안은 채, 삶에 떠밀리듯 숨 가쁘게 살아오면서도 이상하게 손에서 책만은 놓지 못했다. 높은 곳에 올랐나 싶으면 어느새 아득한 수직 낙하로 다시 원위치로 되돌아가는 롤러코스터에 올라탄 심정이었지만 나는 포기할 수 없었다. 잠깐씩이지만 영어 문법책을 펼쳐보았고 대학시절 즐겨 읽었던 알베르 카뮈의 〈이방인〉을, 프랑수아 모리아크의 소설 〈테레즈 데케루〉와 나의 인생 책인 펄 벅의 〈대지〉 등을 가까이에 두고 읽었다.

그러다 마지막 선택으로 소방이라는 카드를 꺼내 든 순간, 번개처럼 한 장면이 떠올랐다. 매캐한 연기 속에서 옹골지게 다짐하던 상고머리를 한 조그맣고 촌스러운 계집아이. 기억 저편에 머물러 있던 그 아이가 이편으로 훌쩍 걸어 나왔다.

'맞아. 내 어릴 적 꿈이 박사였었지.' 그 아이를 바라보며 나는 과거의 나에게 조용히 말을 건넸다. 이제 네 꿈을 이룰 때가 왔다고, 이제부터 진짜 시작이라고.

나는 머리가 좋아서 쉰이 넘은 나이에 다시 출발선에 선 것이 아니다. 가지 않았던 길로 발걸음을 옮기는 순간, 실패에 대한 부담과 두려움은 쉽게 떨쳐지지 않았다. 그때 나에게 용기를 건네준 것은 다름 아닌 어린 시절의 나였다. 밤하늘의 별을 올려다보며 먼 훗날의 미래를 꿈꾸던 그 아이가 내 앞에 서서 손을 내밀었다. 네가 세운 그 약속을, 이제는 너 스스로 증명해야 할 때가 바로 지금이라고.

오프라 윈프리는 이렇게 말했다.
"당신이 할 수 있는 가장 큰 모험은 당신이 꿈꾸는 삶을 사는 것이다."

실패가 두려워 모험의 길 위로 한 걸음도 내딛지 못하는 사람은 알 수 없다. 그 길에서 마주하게 될 흥분과 감격이 어떤 것인지, 실패의 눈물을 흘리며 씨앗을 뿌린 사람만이 거두는 기쁨과 환희가 삶을 얼마나 풍성하게 가꾸어가는지를.

나에게 공부는 인생의 방향타

한국산업인력공단 홈페이지에 들어가서 나의 자격 정부를 검색하면 아래와 같은 내용이 화면에 나타난다.

자격명	필기 합격 일자	최종 합격 일자
전자기능사		1978.09.23.
소방설비기사(기계분야)	2007.03.16.	2007.06.04.
소방설비기사(전기분야)	2007.06.01.	2007.08.20.
소방시설관리사	2010.10.06.	2011.12.30.
소방기술사	2014.09.19.	2014.11.14.
건축기계설비기술사	2017.03.02.	2017.04.28.

지금 생각해보면 강원도 철원의 시골 마을에 공업고등학교가 있었다는 사실부터가 신기하다. 더 묻게 되는 것은 왜

하필 그 학교여야 했느냐는 것이다. 중학교 3학년 무렵 고향을 떠나 낯선 동네로 옮겨가 새로운 환경에 적응하는 일은 쉽지 않았다. 다행히 학교에 가면 고향 친구들을 만날 수 있다는 사실이 작은 위로가 되었다. 한 학기 동안은 한 시간 거리의 통학을 했지만, 고등학교까지 그렇게 다닐 수는 없었다. 결국 집에서 가장 가까운 김화공업고등학교에 진학해야만 했다. 주변의 반응은 한결같았다.

"인문계 다녀서 뭐 하겠느냐", "여자가 고등학교까지 다녔으면 그만이지." 그 말끝에는 늘 같은 문장이 따라붙었다. "네가 무슨 대학을 갈 것도 아니고, 누가 보내주기는 한다니."

전기과, 전자과, 식품과 세 개 반 중에서 나는 전자과를 선택했다. 한 반에 60명, 여학생은 고작 8명뿐이었다. 2학년이 되자 선생님들은 기능사 시험을 강조하기 시작했고, 3학년이 되자 '자격증'이라는 말이 숨 쉬듯 따라다녔다. 나 역시 어떻게든 그 자격증이란 걸 따고 싶었다. 방과후에도 실습실에 남아 인두에 손을 데어가며 납땜질로 회로를 만들었고, 여름방학 내내 학교에 가서 실기시험을 준비했다.

지도 선생님은 이번 시험에 IC 집적회로가 나올 거라 단언하셨다. 당시 반도체는 지금의 AI처럼 전자공학 분야에서 가장 혁신적인 기술이었다. 여름 내내 IC 회로 실습을 반복했고, 시험장에서 실제로 반도체 순차점등회로 도면을 마주했을 때 선생님의 얼굴이 떠올라 자신감으로 충만했다. 만능기판에 반도체 부속을 꽂고, LED 열 개를 가지런히 정렬해 회로를 구성하고 납땜을 마친 뒤 전원을 넣자 불빛이 차례로 들어왔다. 내 인생 최초로 국가가 인정하는 자격증을 거머쥐게 된 순간이었다.

고등학교 3학년 때, 처음 접한 '전자계산기' 과목은 또 다른 세계를 보여주었다. 이진법, 논리회로, 하드웨어, 소프트웨어, 프로그래밍 등의 생소한 개념들 속에서 나는 막연하지만 분명한 예감을 느꼈다. 머지않아 컴퓨터가 세상을 지배하리라는 감각, 그리고 내 인생의 방향을 가리키는 첫 번째 여린 화살표가 조용히 나를 부르고 있다는 느낌이었다.

그때 처음으로 대학에 가고 싶다는 마음이 생겼다. 그러나 그 마음을 입 밖으로 낼 수는 없었다. 인생이 뜻대로 되는 게 아니라는 걸 아주 어린 나이에 온몸으로 체득했지만, 대학 입학이란 또 다른 모퉁이를 돌아설 때 겨우 열여덟 나이에 포기라는 걸 한 번 더 배워야만 했다. 그러나 아무리 포기하려 해도 포기되지 않는 대학이란 열병은 몇 년이 지나도 나를 두고두고 아프게만 했다. 대학 입시 소식이 들려올 때마다 텔레비전 속 내 또래들은 다른 세상의 사람이었다. 간절했지만 손에 닿지 않는 거리였다. 그래도 포기할 수는 없었다. 사라진 줄 알았던 화살표는 내 가슴속에 여전히 남아 있었다.

결국 나는 서울로 올라왔다. 고등학교를 졸업하고 이미 4년이 지난 뒤였다. 공고 출신인 내게 새로운 입시제도인 대입 학력고사 과목들은 모두 낯설었고, 무엇부터 시작해야 하는지 갈피를 잡을 수 없었다. 신문 광고를 보고 학원을 찾아다니며 공부를 시작했다. 힘들었지만 선생님들이 공통으로 강조한 것은 교과서였다. 동대문 중고서점을 뒤져 교과서를 구했고, 도서관에 다니며 처음부터 다시 읽었다. 그렇게 나는 처음으로 '열심히 공부했다'고 말할 수 있는 시간을 보냈고, 마침내 1983년 늦깎이 신입생이 되었다. 나는 기대했다. 이제야 내 화살표가 제대로 적중했고, 찬란한 미래가 나를 기다리고 있을 거라고….

그때는 알지 못했다. 인생은 화살 하나로 꿰뚫을 수 있는 과녁도 아니고, 운동화 끈 단단히 조여 매고 출발선에 섰다고 해서 곧장 내달려 도착점에 이르는 직선 코스도 아니라는 것을…. 그렇게 나는 책상 앞이 아닌 삶의 현장 한가운데로 흘러 들어갔다.

그리고 그 흐름 속에서, 한때 가슴을 두근거리게 했던 공부와 자격증의 기억은 점점 희미해져갔다. 그러나 인생이란 참 묘하기도 하지. 기억 저편 스러지듯 가물거리던 잔상은 어느 날 갑자기 소환되어 수십 년의 시공을 넘어 내 앞에 느닷없이 나타나 제 모습을 내보인다. 잊고 지낸 시간만큼이나 예기치 않은 순간에 나를 다시 불러 세운 것은 바로 어딘가 버려진 채 쑤셔 박혀 있던 그것, 바로 자격증이었다.

전자기능사 자격증이 있다는 사실조차 잊고 지낸 29년의 세월 끝에, 나는 다시 소방을 만났다. 처음 소방전기기사 문제집을 펼쳤을 때 얼굴이 화끈 달아올랐던 이유도 그 때문이었다. 공고 입학 후 전기통론 첫 번째 수업 시간에 배웠던 '옴(ohm)의 법칙'이 그대로 거기에 있었다.

그동안 나는 2007년 소방기사로부터 2017년 건축기계설비기술사에 최종 합격하기까지 딱 10년의 세월이 걸렸노라 말해왔는데, 다시 계산해보니 그것은 잘못된 셈이었다. 1978년 기능사 취득부터 2017년 기술사 합격까지, 무려 39년의 시간이 쌓여 있었다. 오늘까지의 엔지니어 경력으로 따지면 48년. 아마도 대한민국 모든 기술사들 중에서도 손에 꼽히는 장수 경력이 아닐까 자부해본다.

공부는 삶이 막막해질 때마다 내가 나아갈 방향을 가만히 가리켜주던 화살표였다. 길을 잃고 두려움에 잠겨 있을 때 나를 다시 끌어올린 구원의 밧줄이었고, 익숙한 세계를 벗어나 새로운 세상으로 발을 내딛게 해준 소리 없는 외침이요, 용기이기도 했다. 나는 그 화살표를 따라 여기까지 왔다. 그리고 지금도 여전히 그 화살표는 내 앞에서 가야 할 곳을 조용히 일러주고 있다.

놓지 못했던 첫 번째 꿈

나는 노래 부르기를 좋아했다. 학교에서도, 교회에서도 늘 앞에 나와서 노래를 불렀고 학교 대표로, 군 대표로 노래를 부르는 대회에도 여러 번 참석했었다. 선생님들은 그런 나를 보고 음악에 소질이 있다고 칭찬을 많이 해주었다. 오빠들 음악 책에서 세계적인 성악가들의 사진을 볼 수 있었는데 어린 나에겐 너무나 멀고 먼 우주의 이야기처럼 아득한 꿈과 동경의 대상일 뿐이었다. 그 사진들을 볼 때마다 나도 그렇게 되고 싶다는 생각을 하곤 했다.

가난했던 시절, 시골 마을이다 보니 피아노가 있을 리 만무했고 학교와 교회에 풍금이 있었다. 노래 연습을 한다는 이유로 풍금을 만질 기회가 생길 때마다 페달을 밟아가며 혼자 풍금을 켜곤 했는데 노래 하나를 배울 때마다 악보를 보고 건반의 계이름을 치다 보니 신기하게도 풍금이 배워지고 기본적인 화음을 깨닫게 되었다. 학교에서 행진곡을 듣거나 음악 소리가 들려오면 나도 모르게 손가락으로 피아노 치는 흉내를 내고 있었다. 그러나 거기까지가 전부였다. 대학에 가서 음악을 제대로 공부하고 싶은 마음은 간절했지만 그 소망을 이루기에는 내가 처한 환경이 절대 녹록하지 않았다.

결혼과 임신으로 대학을 중퇴한 뒤, 가슴 한편에 끝내 말하지 못한 아쉬움과 서운함을 품고 살아가던 어느 날이었다. 화장품 가게 주인집 딸이 2층 자기 방에서 피아노를 치는 소리가 들려왔다. 무심코 귀를 기울이다가 주인 아주머니께 슬쩍 물었더니 2년제 음대를 다닌다는 것이 아닌가.

'세상에나, 그런 음대가 있다고?' 그 순간, 어린 시절 혼자 뒷동산에서 음악회를 열며 품었던 작은 소망의 알갱이들이 잠을 털고 일어나 내 눈앞에서 춤을 추는 듯했다. 온몸의 세포가 일제히 깨어나, 마치 콩나물 꼬리가 두 개 달린 16분음표로 변해버린 것만 같았다. '두구두구두구두구—! 그럼 나도 해볼 만하겠구나!' 그날 밤, 나는 곧 마리아 칼라스라도 될 것만 같았다.

이번만큼은 제대로 된 달콤한 초콜릿을 잡을 것 같은 기대감에 기와집을 스무 채는 지은 것 같았다. 그토록 간절히 원했던 음악에 대한 동경이 가슴 저 깊은 곳에서 샘솟듯이 솟구쳐 까마득히 묻혀 있었던 태곳적 간절한 열망이 나를 흔들어대기 시작했다.

주저하는 마음을 다잡고 용기를 내어 주변 음악학원을 찾아가 상담했다. 그리고 딸아이를 들쳐 업고 다니며 피아노를 다시 배우기 시작했다. 피아노보다는 노래에 더 관심이 많았고 더 잘한다고 생각했기에 성악 공부도 같이 했다. 때마침 1기 신도시 분양이 시행되었고 알뜰하게 모으고 허리띠를 졸라맨 결과, 작은 평형이지만 신도시에 아파트를 분양받아 입주하게 되었다.

1995년 내 나이 34세, 결혼하고 10년이 지나서 당시로선 많은 나이로 음대에 합격하니 정말 기쁘기 한량없었다. 비록 2년제였으나, 그렇게 배우고 싶었던 음악이었고 노래였기에 나는 열심히 학교를 다니며 화성학, 작곡, 음악사, 지휘법 등 음악의 토대가 되는 기초 지식을 배워나갔다. 그곳에서 비로소 깨닫게 된 것은, 음악이 단순히 노래하고 피아노를 연주하는 기술에 머무는 것이 아니라는 사실이었다. 음악은 인류의 기원과 함께해온 역사였고, 인간 내면에 깃든 기쁨과 슬픔, 고뇌와 갈등을 악기와 목소리로 풀어낸 위대한 언어이자 하나의 철학이었다.

오래도록 마음에 품어왔던 음악이었기에 매 수업이 소중했고 하나라도 더 배우기 위해 진지했다. 이제 막 고등학교를 졸업한 스무 살 남짓한 친구들은 나를 스스럼없이 '언니'라 불러주었다. 싱그럽고 발랄한 청년들과 어깨를 나란히 하며 보낸 2년의 시간은 내 인생에서 무엇과도 바꿀 수 없는 소중한 선물이었다. 마치 시간을 거슬러 다시 20대 여대생으로 돌아간 듯한 기분으로 나이를 잊고 도전하던 시간이었다.

2년은 빠르게 흘러갔다. 1997년 졸업과 동시에 실기교사 자격증을 취득했고 아이들에게 피아노를 가르치는 일을 시작했다. 피아노 교습소는 한동안 순조롭게 운영되었다. 아이들을 남의 손에 맡기지 않고 내 손으로 돌보며 키울 수 있다는 사실에 마음이 놓였고, 그동안 충분히 보살피지 못했던 엄마로서의 미안함을 조금이나마 덜 수 있었다. 간식을 직접 만들어주고 공부를 살피며 보내던 시간들은 뿌듯함과 기쁨으로 가득했다.

그러나 삶은 결코 곧장 결승선을 향해 달려가는 단거리 경주가 아니었다. 훤히 보이는 목표를 향해 내달리기만 하면 되는 여정도 아니었고, 막힘없이 뻗은 고속도로를 달려 하이패스 톨게이트를 통과하면 되는 경로도 아니었다. 한 굽이를 돌면 드넓은 들녘이 펼쳐지는 듯 평온하다가 또 다른 굽이를 돌아가면 느닷없이 아득한 벼랑이 나타난다. 설렘과 두려움이 뒤섞인 마음을 큰 숨으로 달래며 하루 또 하루, 한 걸음씩 보이지 않는 길을 걸어가는 것. 어쩌면 그것이 우리가 말하는 '산다는 것'일지도 모른다.

나는 이제야 알 것 같다. 공부는 삶이 방향을 잃을 때마다 나를 다시 세워주는 방식이었고, 무너진 자리에서 다음 굽이를 건너게 하는 힘이었다. 음악을 배우며 보낸 시간도, 아이들을 가르치며 보냈던 날들도, 순조로움과 좌절이 교차하던 그 모든 순간들 역시 내 삶을 단단하게 만든 하나의 공부였다.

독서실의 새벽 공부

IMF라는 국가적 위기와 혼란의 소용돌이 속에서도, 무엇인지 모를 어떤 손짓이 끊임없이 나를 불러댔다. 내면에서 들려오는 목소리였을 수도, 어쩌면 욕심이었을지도 모른다. 끝없이 낮아지는 자기 비하에 대한 억지 만족이라 해도 괜찮았다. 학사학위를 간절히 원했던 나는 더듬더듬 그 화살표를 붙잡았다.

내가 가장 먼저 시작한 공부는 독학사였다. 학사학위가 없다는 결핍은 늘 나를 심리적으로 위축시키는 요소였다. 어렵사리 2년제 음대를 다녔지만, 그것만으로는 채워지지 않는 갈증이 마음속에 남아 있었다. 그래서 어떻게든 학사학위를 취득해, 스스로를 조금이나마 위로해주고 싶었다.

방송통신대학도 고려했지만 3학년 편입 후 2년의 학습

기간이 필요했고, 당시 내 형편으로는 학사과정의 필수 조건인 의무 출석 수업을 감당할 수 없었다. 여러 선택지를 고민하던 끝에, 독학사 제도를 이용하면 1년 안에 학사학위를 받을 수 있다는 점에 마음이 기울었다. 당시 독학사로 취득할 수 있는 학위는 국문학사, 영문학사, 가정학사 등 소수의 학과뿐이었다.

영문학을 공부해보고 싶었는데, 갑자기 무슨 생각에서인지 가정학을 공부하기로 마음을 바꾸었다. 독학사 제도는 일년을 네 분기로 나누어, 한 분기마다 한 학년의 과정을 공부하고 해당 시험에 합격하면 다음 학년의 응시 자격이 주어지는 방식이었다. 나는 대학에서 교양과목을 이수한 덕분에 1학년 과정을 면제받아 2학년 과정부터 시험을 볼 수 있었다.

스무 해 전, 공부하겠다는 열망 하나로 학력고사를 준비하며 무작정 드나들던 동대문 인근 평화시장 중고서점을 다시 찾았다. 헌책방 사이를 오가며 전공 서적들을 한 권 한 권 골라 손에 쥐었다. 그 책들을 사들고 집으로 돌아오는 길에 오래 전 대학시절, 도서관 문이 닫히는 시간까지 공부를 마치고 가로등만 호젓한 캠퍼스를 나서며 바라보았던 무수한 밤하늘의 별들과 서늘하게 가슴으로 파고들었던 밤공기의 내음이 떠올랐다. 얼마나 뿌듯했던 계절이었는지, 얼마나 가슴 벅찬 날들이었는지 나에게도 그런 순간들이 있었음을 되새겼다. 은퇴한 달리기 선수가 다시 달리기 위해 운동화 끈을 조여 매듯, 나는 나 자신에게 속삭였다.

'그래, 다시 한번 해보는 거야.'

막상 공부를 시작해보니, 한 학년의 전공과목만 해도 여섯 과목이었다. 가정학은 결코 생각보다 쉬운 학문이 아니었다. 식품과 영양, 의류, 복식사, 가정경영 등 이름부터 생소한 과목들이 이어졌다. 낮에는 일을 하고, 밤에는 집안일과 아이들을 챙겨야 했기에 무엇보다 공부할 시간을 확보하는 일이 절실했다.

시간은 계속 흘러가는데 공부는 턱없이 부족했다. 근처 독서실을 찾아가 상담했다. 독서실 실장님은 중고등학생들이 주로 이용하는 공간에서 나이 든 내가 공부하려 한다는 사실을 의아해했다. 내게 허락된 시간은 새벽뿐이었지만, 밤 늦게까지 문을 열고 새벽에는 문을 닫는 독서실의 특성상 이용하기가 쉽지 않았다. 그럼에도 어떻게든 공부하고 싶다고 사정하자, 실장님은 독서실 열쇠를 특정 장소에 두고 갈 테니 새벽에 나와 직접 문을 열고 공부해도 좋다고 허락해주셨다.

날마다 새벽에 일어나 책을 싸 들고 집을 나서 독서실로 향했다. 사실 나는 잠이 많은 체질이라, 새벽에 눈을 뜨는 일 자체가 버거웠다. 낮에는 아이들에게 피아노를 가르치고, 저녁에는 집안 살림을 하다 보니 몸은 늘 피곤하고 지쳐 있었다. 그럼에도 학사학위를 향한 열망이 새벽잠을 깨웠다.

새벽 다섯 시, 독서실에 도착해 불을 환하게 밝히고 공부를 시작하면 방해받을 일도, 누군가에게 피해를 줄 일도 없었다. 온전히 공부에만 집중할 수 있는 시간이었다. 새벽에 두 시간, 하루 일과를 마친 뒤 밤중에 다시 두 시간 공부했다. 다만 아이들이 어리고 집안일도 돌봐야 했기에 한밤의 공부는 마음만큼 따라주지 못했고, 부족한 시간은 주말에 메웠다.

마침내 첫 번째 시험, 2학년 과정의 시험일이 다가왔다. 객관식과 주관식이 섞인 시험이었지만, 나름대로 쌓아온 공부 덕에 무난히 마칠 수 있었다. 결과는 예상대로였다. 2학년 과정을 통과했고, 다음 3학년 시험에 응시할 자격을 얻었다. 그날 이후에도 나는 여전히 새벽마다 독서실 문을 열었다.

독학사 시험은 3개월 단위로 이어졌고 학년이 바뀔 때마다 교재를 새로 구입하고, 새로운 과정을 익혀야 했기에 하루하루가 정신없이 흘러갔다. 3학년 과정도 무사히 마쳤고, 이제 마지막 졸업시험만 남아 있었다. 졸업을 위해서는 별도의 영어 시험과 영작 시험까지 통과해야 했기에 전공과목 외에도 영어 문법을 기초부터 차근차근 쌓아 올려 고급 과정까지 공부했다.

1년이라는 시간에 4년 치 공부를 몰아서 하다 보니 계절이 바뀌는 줄도 모른 채, 가을이 지나 찬 바람이 불어오는 겨울이 되었다. 12월의 추운 겨울날, 마지막 학위 취득 시험을 마쳤다. 새벽마다 졸린 눈을 비벼가며 공부한 보람으로, 그토록 간절했던 학사학위를 손에 쥐었다. 그러나 그때는 알지 못했다. 이 선택이 내 인생을 송두리째 바꿔놓을 절묘한 신의 한 수가 될 줄은….

소방기사 자격 응시 조건은 이학사, 공학사인 경우에 주어지는데 내가 취득한 가정학사가 이학사이기에 바로 기사 자격시험 응시가 가능했다. 인생의 반전이란 게 바로 이런 것을 말하는 건가. 거침없이 기사 기출시험 문제집을 사고 코앞에 있는 2007년도 첫 번째 기사 시험을 치르면서 기술사를 향한 나의 기나긴 여정의 첫걸음이 그렇게 시작되었다.

합격의 비결은 무엇이었나

"준비하시고 쏘세요!"

오래전 텔레비전 주택복권 추첨 시간마다 귀에 익도록 들었던 진행자의 외침이다. 그의 신호에 맞춰 날아간 화살은 정확히 과녁에 꽂혔고, 그 순간 행운의 당첨자가 탄생했다. 내 인생에도 그렇게 '준비하고 쏘아버릴' 화살이 있었다면, 그것도 여러 개가 있었다면 어땠을까. 과녁을 향해 힘껏 날아간 화살들이 하나같이 내가 원하는 지점을 꿰뚫고, 기쁨과 행복이 가득 담긴 선물 바구니를 가져다주었을까?

우리는 흔히 말한다. 무언가를 시작하려다 주저하는 사람에게 "준비되면 그때 해도 늦지 않아"라고 망설임 없이 조언을 건넨다. 과연 그럴까? 준비가 되면, 그때가 오면 무엇이든 더 잘할 수 있게 되는 걸까. 이론적으로는 그럴지도 모른다. 더 많은 정보를 모으고 분석하며 충분히 준비를 마친 뒤에는 좀 더 여유로운 마음으로 새로운 도전을 시작할 수 있을 테니까. 하지만 내면을 조금만 들여다보면 알게 된다. 아주 작은 틈만 생겨도 안일함은 교묘히 위장해 슬그머니 스며들고, 그 틈을 타 게으름의 씨앗이 내 안에서 싹트기 시작한다는 것을.

완벽한 준비란 애당초 존재하지 않는다. 그것은 자신을 안심시키기 위해 만들어낸 허구의 함정일지도 모른다. 새로운 도전을 하고 싶고, 또 해야만 하는 상황이라면 시작하는 바로 그 순간이 이미 준비가 되었음을 의미한다. 다시 말해, 무언가를 시작할 용기를 낸 사람은 이미 새로운 도전을 향한 준비를 끝낸 셈이다.

소방기술사가 되고 싶은 마음은 가득했지만, 내 마음 한편에서는 힘든 공부만은 피하고 싶다며 완강하게 버티는 고집 또한 도사리고 있었다. 두 마음이 팽팽히 맞서 있는 동안, 나는 어정쩡한 상태로 시간만 흘려보내고 있었다. 그러나 체력의 한계가 분명해지고, 더 이상 물러설 길이 없다는 판단이 서자 곧바로 기술사 준비 모드에 돌입했다. 준비는 여전히 턱없이 부족했지만 말이다.

공부를 시작하고 보니, 소방시설관리사로 현장 점검을 하며 쌓아온 경험들이 생생한 정보가 되어 큰 도움이 되었다. 책으로만 접했을 때는 막연하던 내용들이, 실제 현장을 발로 뛰며 겪은 기억들과 맞물리며 또렷해졌다. 현장에서 일하다 보면 황당한 일을 겪는 경우도 적지 않았다.

소방관리사로 일한 지 1년쯤 되었을 무렵, 공동주택 소방점검을 나간 날이었다. 아파트 관리실 담당 과장은 각 층별 스프링클러 설비를 특히 꼼꼼하게 점검해 달라며 신신당부를 했다. 우리 팀은 맨 꼭대기 층부터 스프링클러 작동 시험을 하나씩 진행하며 아래층으로 내려갔다. 오전에 시작한 점검은 어느새 점심시간이 다 되어가도록 이어졌다.

계속 점검을 하고 있는데, 갑자기 관리실 직원들이 우리를 향해 무언가를 외치며 달려오기 시작했다. 지하주차장에 물난리가 났으니 당장 점검을 중단하라는 것이었다. 황당하기도 했고 선뜻 이해하기 어려운 상황이었지만, 우리 팀 역시 급히 지하주차장으로 향했다.

'허걱!' 도대체 무슨 일인가 싶었다. 지하주차장은 말 그대로 물난리로 아수라장이 되어 있었다. 스프링클러 설비 밸브를 점검하며 각 층에서 배수관으로 흘려보낸 물이, 그대로 주차장으로 쏟아져 나오고 있었던 것이다. 어이없게도 지하

집수정으로 연결되어야 할 배수관이 주차장 내부에 그대로 노출된 채 설치돼 있었고, 배수 트렌치조차 마련되어 있지 않았다. 물이 빠져나갈 곳이 없다 보니 쏟아진 물은 순식간에 고여 발목까지 차올랐다. 더 큰 문제는 그 고인 물이 주차장보다 낮은 곳에 있는 전기실을 향해 흘러들기 직전이라는 사실이었다. 눈앞이 캄캄해졌다.

점심은 생각조차 할 수 없었다. 배가 고픈 것은 까맣게 잊고 팔을 걷어붙이고 신발을 적셔가며 허겁지겁 물을 퍼내기 시작했다. 쓰레받기로 물을 떠 작은 양동이에 옮기고, 그 양동이를 다시 큰 통에 붓고 그 큰 통을 끌고 가서 물을 버리는 일을 반복했다. 그 작업을 얼마나 했는지 헤아릴 수조차 없었다.

온몸을 다 적셔가며 오후 늦은 시간까지 물을 퍼내고 나니 하루가 다 지나가 있었다. 억울하게도 나는 엄청난 원망을 들어야만 했다. 배수관을 집수정까지 연결하지 않고 주차장에 노출 시공한 것이 어째서 내 잘못이란 말인가. 애초부터 잘못된 시공과 감리 업무의 소홀로 빚어진 일이었고, 그동안 제대로 된 점검조차 없었다는 방증이기도 했다.

그럼에도 성실히 점검했다는 이유만으로, 나는 고된 물

퍼내기라는 대가와 주차장 침수를 유발했다는 비난을 감내해야 했다. 몸도 마음도 기진맥진해진 하루였다. 그날 이후, 나는 그 일을 떠올리며 건축 현장에서 감리 업무를 볼 때 아무리 사소해 보이는 공정이라도 도면만 믿지 않았다. 반드시 현장에서 마감 시공까지 직접 확인하고, 또 확인하며 일을 진행했다.

그날의 물난리는 나를 지치고 마음 상하게 만들었지만, 동시에 아주 분명한 깨달음을 남겼다. 책 속의 지식만으로는 결코 도달할 수 없는 영역이 있다는 것, 그리고 현장은 언제나 이론의 빈틈을 가장 정직하게 드러낸다는 사실이었다. 그 이후로 나의 공부 방식은 달라졌다. 문제를 외우기보다 왜 그런 상황이 벌어지는지를 먼저 떠올렸고, 답안을 쓰기 전에 '현장이라면 어떻게 될까'를 늘 먼저 그려보았다.

돌이켜보면 나의 합격 비결은 특별한 비법이나 요령이 아니었다. 완벽하게 준비된 상태에서 시작한 것도 아니었다. 준비가 덜 되었음을 알면서도 시작을 미루지 않았고 두려움이 있었지만 화살을 쏘아야 하는 순간이 오면 주저하지 않고 활시위를 당겼다. 공부하며 쌓은 지식에 현장에서 몸으로 겪은 경험을 더해 그것들을 차곡차곡 쌓고 연결해온 것, 그것이 나의 방식이었다.

공부는 하나의 여행이다

나는 '여행'보다 '여행기'를 더 좋아한다. 경제적 여유가 넉넉지 않았던 탓도 있지만, 무엇보다 몇 차례의 여행이 마음에 남지 않았기 때문이다. 노랗고 파란 깃발을 따라 우르르 몰려다니며 겉모습만 훑고 지나가는 일정, 마당만 밟고 돌아오는 걸음에서는 감정을 곱씹을 틈이 없다. 알맹이는 없고 껍데기만 챙겨 돌아온 빈 가방 같은 공허함만 남아 있었다.

반면 여행기를 읽으면 미처 가보지 못한 세계가 물 흐르듯 자연스럽게 내 안으로 들어온다. 저자가 느낀 감동이 몇 줄 문장 속에서 살아나고, 내가 걸어온 길과는 다른 색깔로 살아가는 타인의 인생 여정과 걸어본 적 없는 낯선 이방의 강가, 햇살이 부서지듯 반짝이는 풍경이 눈앞에 펼쳐진다. 한 권의 책을 덮고 나면 마치 고색창연한 도서관의 담쟁이넝

쿨에 기대 선 듯 충만해지고, 잔잔한 여운이 마음을 부유하게 만든다.

공부 이야기를 하다가 갑자기 웬 여행이냐고 묻고 싶을지 모르겠다. 하지만 나는 공부를 하며 비로소 알게 되었다. 공부는 결국 여행과 닮아 있다는 것을. 책을 펼치는 순간마다 나는 낯선 도시의 문 앞에 선 여행자처럼 '안녕' 하고 문을 두드린다. 활자 사이의 행간이 길이 되고, 나는 그 위에 발자국을 남긴다.

처음에는 누구나 그럴듯하게 출발한다. 학원을 등록하고 인터넷 강의를 수강하며 계획표를 세운다. 그런데 수업을 듣고 하루이틀만 지나도 강사의 얼굴은 선명한데 정작 무엇을 들었는지는 흐릿해지고, 공부한 내용은 머릿속에서 증발한 듯 새하얘진다. 하지만 그건 이상한 일이 아니다. 버스 차창 밖으로 스쳐간 풍경과 가이드의 손끝을 따라 흘깃 본 유적이 얼마나 오래 기억에 남겠는가. 편안했던 여행엔 대가가 따른다. 땀 흘리며 걷지 않은 만큼 감동도 얕다.

그렇다면 어떻게 공부할 것인가. 시작부터 고시원이든 절이든 교회든 찾아가 '죽기 아니면 까무러치기' 식으로 덤벼들어야 할까. 늘 그렇다고 할 수는 없다. 처음부터 과하게 힘을 주면 앞으로 나아갈수록 속도가 느려지고 더 빨리 지친다. 때로는 깃발을 따라가는 여행처럼 가볍게 한번 훑어보는 것도 필요하다. 다만 거기까지다. 그 단계는 예열이고 탐색전이다. 내가 무엇을 공부하려는지, 무엇을 준비해야 하는지, 어떤 방식으로 접근해야 나에게 맞는지 가늠하는 정도에서 정리하면 된다.

대상을 파악했다면 다음은 나를 아는 것이다. 나에게 어떤 맷집이 있는지, 무엇에 강하고 무엇에 취약한지 솔직하게 점검해야 한다. 이 과정에는 반드시 뼈아픈 자기반성이 따른다. 허장성세를 내려놓고 강점은 살리고 약점은 보완할 방법을 찾는 순간, 공부는 비로소 '전략'이 된다.

목적지와 경로를 정했으면 이제 진짜 여행을 떠날 차례다. 이번엔 '나 홀로' 떠나는 여행이다. 그렇다고 학원도 인강도 버리라는 뜻이 아니다. 길을 알려주는 도구는 충분히 쓰되, 걸음은 스스로 내딛어야 한다. 동네를 한 번 걸었다고 그곳을 다 안다고 착각하면 곤란하다. 두 번, 세 번 지나야 골목이 친숙해지고, 어느 모퉁이에 어떤 냄새가 머무는지 몸이 기억한다.

공부도 그렇다. 한 번 남긴 흔적은 금세 흐려지지만, 두 번 새긴 발자국은 길이 된다. 반복할수록 활자는 친숙해지고, 머릿속에는 그 분야의 지도가 서서히 그려진다. 비가 오나 눈이 오나 걷고 또 걸어 남긴 발자국은 결코 그대를 배반하지 않는다. 시험지를 받아드는 순간, 그때 알게 될 것이다. 낯설던 문제가 더는 낯설지 않다는 것을. 내가 지나온 길 위에서 답이 떠오른다는 것을.

여행은 계획이 필요한 여정이다. 하루이틀쯤은 피곤해 쉬어갈 수도 있다. 그러나 이방의 땅에서 마냥 주저앉을 수는 없다. 길을 잘못 들었다면 되돌아가거나 다른 길을 찾아야 한다. 공부도 마찬가지다. 방법이 잘못되었다면 점검하고 수정해야 한다. 그래서 공부하는 사람에게는 때로 멘토가 필요하고, 무엇보다 자기 방식에 대한 꾸준한 점검이 필요하다.

공부하다 보면 길이 사라지고 숨이 턱 막힐 때가 있다. 출구 없는 미로에 갇힌 듯 답이 보이지 않을 때는 잠시 책을 덮어도 된다. 막다른 골목에서는 앞만 보지 말고 뒤도 돌아보라. 길은 늘 다른 길로 이어지고, 사람은 여전히 그 길 위에서 삶을 살아간다. 이해되지 않는 것부터 억지로 붙들기보다, 이해되는 것부터 시작하라. 낯선 음식도 한 입씩 맛을 들여야 언젠가 즐길 수 있다.

공부에는 정답이라 말할 수 있는 하나의 방식만 있는 것이 아니다. 쓰면서 공부하는 사람이 있고, 읽으며 이해하는 사람도 있으며, 듣고 익히는 사람이 있다. 중요한 것은 어떤 방법이 나에게 맞느냐이다. 남들이 만든 '공부 종합선물세트'를 들여다보며 무엇이 최고인지 고민하며 무작정 따라 하거나 모방하지 말고 내 손에 맞는 도구 하나를 찾아 훈련을 통해 자신의 것으로 만들어야 한다. 나 또한 여러 방법을 시도하다 결국 '읽기'를 택했다. 기본서를 반복해 읽고, 행간에 메모를 남겼다. 회독이 쌓일수록 보이는 것이 달라졌고, 이해가 넓어지며 차곡차곡 지식이 쌓여갔다. 그리고 마침내 어느 날, 여름을 견뎌내고 가을이 되어 밤송이가 여물어 알밤을 내비치듯, 멀리서 희미하던 목표가 눈앞의 실체로 다가오는 순간을 맞이하게 되었다.

스스로 개척한 책 위의 길을 끝까지 걸어가라. 마침내 활자들이 친숙해지고 반가운 웃음으로 손을 흔들며, 내 마음속으로 걸어 들어올 날을 만나게 될 것이다.

나는 오늘도 책과 씨름하는 사람들에게 이 말을 전하고 싶다.

'책 속의 길을 따라 남긴 발자국은 결코 스러지지 않는다. 머지않아 그대의 가슴에 별처럼 빛나며 피어날 것이기에.'

기술사의 자격과 능력 그리고 태도

자격증이란, 내가 속한 사회에서 특정한 일을 수행하는 데 필요한 지식과 기술, 그리고 소양을 갖추었음을 일정한 절차를 거쳐 평가받고 공식적으로 인정받았다는 의미다. 변호사, 공인중개사, 세무사 등 자격증의 종류는 다양하고, 그에 따라 업무의 범위 또한 각 자격의 성격에 맞게 구분된다.

기술사 역시 자격증의 하나다. 다만 자신이 속한 기술 분야에서 최고 수준의 전문성과 실무 능력을 갖추었음을 국가로부터 인정받았다는 점에서, 그 상징성과 무게는 결코 가볍지 않다. 기술사 자격증을 손에 쥐는 순간, 마치 모든 것을 이룬 듯한 착각에 빠지기 쉽다. 다른 사람은 몰라도 적어도 나는 그랬다. 그러나 그때 미처 깨닫지 못했다. 기술사 자격증은 완주했음을 증명하는 것이 아니라, 비로소 출발선에 설

자격을 얻었다는 증표에 불과하다는 사실을.

기술사 이전과 이후, 나를 바라보는 주변의 시선 속에서 나는 수없이 당혹스럽고 식은땀 나는 순간들을 겪어야 했다. 설계 경험이 부족했던 탓에 도면을 읽는 데 익숙하지 않았고, 소방서 협의 자리에서 명색이 기술사이면서도 피난 동선을 제대로 설명하지 못해 얼굴이 붉어진 적도 있었다. 프레젠테이션 발표를 맡아서 진행하는 심의 자리에서는 비상발전기와 관련한 질문 앞에서 무슨 말을 해야 할지 떠오르지 않아, 머릿속이 새하얘진 채 꿀 먹은 벙어리처럼 서 있던 순간도 있었다.

대놓고 망신을 당하는 일이 마치 기술사의 첫 번째 업무인 것처럼 느껴질 만큼 자존심이 상했고 마음도 무거웠다. 그러나 입에 쓴 약이 몸에 이롭다는 말처럼, 그런 경험들은 결국 나를 다시 책 앞으로, 다시 공부 앞으로 돌아오게 만들었다. 망신당했던 장면들은 오히려 또렷한 잔상으로 머릿속에 남아, 나를 더 단단하게 벼리는 계기가 되었다.

기술사로 살아가며 어떤 태도로 일하느냐는 결코 가볍게 넘길 수 없는 문제다. 어쩌면 가장 중요한 요소일지도 모른다. 처음 기술사를 목표로 삼았던 이유를 떠올려보면, 출발점은 분명 경제적인 안정이었다. 불안했던 가정 형편에 보탬이 되고 싶었고, 그다음이 나 자신의 성장 욕구였다.

대한민국이라는 사회의 한 구성원으로 살아가며, 누군가에게 실제로 도움이 되는 일을 하고 있다는 감각을 느낄 때마다 나는 나 자신을 조금 더 뿌듯한 눈으로 바라보게 되었다. 내가 설계하고 감리한 건축물에서 사람들이 안전하게 생활하고 있다는 사실, 그 안전을 지키는 일에 분명 내 몫이 있다는 자각이 주는 무게 때문이다. 나와 관련된 건물을 스쳐 지나가거나 다시 찾게 될 때면, 이곳에 나의 흔적이 남아 있다는 생각에 당시의 에피소드들이 떠올라 혼자 미소 짓게 된다. 그럴 때마다 기술사로 살아간다는 것의 의미가 새삼 가슴에 와닿는다.

기술사로 살아가기 위해서는 무엇보다 자격증 취득이 먼저일 것이다. 그러나 자격만으로 얻어지는 건 아무것도 없다. 자격에 걸맞은 업무 능력을 키워나가야 비로소 세상은 나를 진정한 기술사로 대한다. 그리고 그다음이 마음가짐이다. 어떤 태도로 주어진 일을 마주할 것인지, 어떤 시선으로 세상을 바라볼 것인지 말이다.

건축물에 소방시설을 계획하는 설계 업무부터, 건설 현

장의 시공 과정을 감리하고, 준공 이후에는 적용된 소방시설을 직접 점검하다 보니 여러 아쉬운 지점들이 눈에 들어왔다. 그중에서도 특히 마음에 걸렸던 건 지하주차장처럼 어둡거나, 판매시설처럼 불특정 다수가 이용하는 공간에서 긴급 상황이 발생했을 때 피난구의 위치를 즉각적으로 인지하기 어렵다는 것이다.

위급한 상황일수록 신속하고 안전한 피난이 이루어져야 하지만, 현실에서는 피난구를 찾는 데 어려움을 겪는 경우가 적지 않았다. 피난구 유도등은 대부분 벽면에 밀착해 설치되어 있어 정면에서는 비교적 잘 보이지만, 측면에서는 알아차리기 쉽지 않다는 한계가 있었다.

나는 이 문제를 그냥 지나칠 수 없었다. 여러 방향에서 고민하고 공부한 끝에, 입체형 유도등과 주차장 기둥을 따라 대형 유도등을 띠 형태로 설치하는 방식, 음성으로 피난을 안내하는 시스템 등을 고안했고, 그 결과 피난과 관련한 특허 3건을 취득했다. 또한 피난설비 중 하나인 완강기의 구조적 보완점을 검토해 추가 연구를 진행했고, 새로운 특허를 출원해 현재 심사 절차를 밟고 있다.

소방기술사를 공부하며 실무 현장에서 체감했던 소방시설의 한계와 안타까운 현실들은, 답안지 위에서 자연스럽게 개선 대책으로 이어졌다. 예를 들어 공동주택의 경우 일부 층에만 스프링클러 설비가 설치되어 있어, 화재가 발생하면 미설치 세대에서는 인명 피해 위험이 크다는 구조적 문제가 있었다. 요양병원 역시 스프링클러 설치가 필수임에도 불구하고, 미설치 상태로 운영되는 사례가 적지 않았다. 결국 안타까운 인명 피해가 발생한 뒤에야 관련 법이 개정되는 모습을 지켜보며, 제도의 한계를 실감할 수밖에 없었다.

이 밖에도 현장에서 직접 겪으며 개선하고 발전시켜야 할 사례들은 수없이 많았다. 그리고 그 모든 경험들은 기술사 공부에 가장 실질적인 밑거름이 되었다. 나는 소방시설이 단순히 법적 기준을 충족하는 장치가 아니라, 화재와 같은 긴급한 순간에 실제로 사람의 생명을 살리는 수단이 되기를 바라는 마음으로 이 일을 하고 있다. 그 믿음이, 지금도 나를 현장으로 향하게 한다.

배움의 자세로 살아간다는 것은

"학이시습지 불역열호(學而時習之 不亦說乎). 배우고 때때로 익히면 또한 기쁘지 아니한가."

공부를 떠올릴 때 가장 먼저 떠오르는 문장이다.《논어》첫 장의 구절로, 어릴 적부터 귀에 못이 박이도록 들어온 말이기도 하다. 너무 익숙해서 오히려 그 의미를 깊이 헤아려 보지 않았던 문장. 그러나 삶을 돌아볼수록, 이 짧은 문장이 품고 있는 무게는 점점 또렷해진다.

이 말을 남긴 공자는 지금으로부터 2,500여 년 전 인물이다. 춘추시대의 혼란 속에서 태어나, 주나라의 예악을 정리하고 유학의 토대를 세우며 새로운 사회질서를 꿈꾸었다. 인류 역사에서 '4대 성인' 가운데 한 사람으로 불리는 그가 굳이 '배움의 기쁨'을 이야기한 이유는 무엇이었을까.

공자는 가난한 집안에서 태어나 세 살 무렵 아버지를 여의었다. 홀어머니 아래에서 성장하며 그는 학문을 통해 스스로 길을 찾아 나섰다. 노나라에서 벼슬길에 올랐으나, 자신의 이상과 맞지 않는 현실 앞에서 관직을 내려놓고 제자들과 함께 여러 나라를 떠돌았다. 14년 동안 이어진 방랑의 시간 속에서도 그는 배우고, 토론하고, 사유하는 일을 멈추지 않았다. 위대한 성현이기 이전에, 끝까지 배움을 놓지 않았던 한 명의 학습자였다.

오늘날 '공부'라는 말은 흔히 시험과 짝을 이룬다. 좋은 성적, 합격, 자격증처럼 눈에 보이는 결과를 얻기 위한 수단으로 여겨진다. 그렇다면 배움의 본질은 무엇일까. 배운다는 것은 알지 못했던 세계를 자신의 노력으로 이해해가며, 그 과정에서 기쁨을 발견하는 일이 아닐까. 오랜 연습 끝에 피아노 곡을 완주했을 때의 환희, 풀리지 않던 문제를 마침내 해결했을 때의 벅찬 감정. 그것은 외부의 평가나 보상 이전에 스스로의 성취에서 비롯되는 기쁨이다. 그래서 나는 다시 《논어》의 첫 문장을 떠올린다. 배움 그 자체가 기쁨이 되는 순간을 말하고 있기 때문이다.

나 역시 공부를 열심히 한 사람 중 하나일 것이다. 삶을 버텨내기 위한 방편으로 공부를 택했고, 합격이라는 결과를 얻기까지 긴 시간과 노력을 감내해왔다. 그 과정에서 느꼈던 배움의 기쁨 또한 분명 존재했다. 난해한 기술적 개념과 법조항을 혼자서 곱씹고 상상하며 파고들다 문득 이해에 이르렀을 때의 전율, 그리고 합격자 발표일에 느꼈던 감동은 지금도 생생하다.

그러나 자격증을 손에 쥔 이후의 삶을 돌아보면, 결국 내 삶을 지탱해온 것은 결과가 아니라 배움 그 자체였다는 사실을 깨닫게 된다. 지금도 출퇴근길의 시간은 오롯이 나만의 배움의 시간이 된다. 요즘은 유튜브라는 훌륭한 매체 덕분에 관심만 있다면 얼마든지 새로운 세계로 나아갈 수 있다. 단순한 정보 습득을 넘어, 배우는 즐거움 그 자체를 다시 발견하게 된다.

어린 시절 〈어깨동무〉 잡지를 넘기며 품었던 우주와 과학에 대한 호기심은 지금도 여전히 살아 있다. 허블망원경을 지나 제임스웹망원경이 보여주는 은하와 별들의 탄생 이야기를 접할 때면, 내가 살아가는 세계를 바라보는 시선이 달라진다. 그 이야기는 일상의 크기와 방향까지 살며시 바꾸어준다.

역사 역시 마찬가지다. 이집트의 스핑크스, 클레오파트라와 카이사르, 알렉산드로스와 한니발의 이야기를 따라가다 보면, 수천 년 전을 살았던 사람들의 고민과 욕망이 오늘을 사는 우리의 삶과 크게 다르지 않음을 깨닫게 된다. 배움은 시간을 건너 타인의 삶과 만나게 되는 가장 정직한 방식이다.

출장이나 이동이 있는 날이면 나는 꼭 책을 챙긴다. 특히 장거리 출장이 있는 날은 은근히 횡재한 기분이 든다. 왕복 이동시간만으로도 기의 한 권에 가까운 책을 읽을 수 있으니, 먼 길이 조금도 지루하지 않다. 읽는 책의 분야도 한 가지에만 머물지 않는다. 인문학과 소설, 여행기, 과학 서적 등 다양한 장르를 골고루 접하다 보면 수만 년 전 이 지구에 살았던 존재를 만나고 저자와 이야기를 나누는 즐거움을 맛본다.

이따금 나는 눈을 감고 불을 켜지 않은 채 내 얼굴을 만져본다. 손끝으로 더듬어 느껴지는 내 모습은 낯설고 생경하다. 평소 환한 불빛 아래 거울 속에서 익숙하다고 여겼던 얼굴과는 전혀 다른 얼굴이 만져진다. 나 자신을 주체가 아닌 객체로 내가 나를 느끼고 바라본다. 그렇게 삶을 잠시 멀찍이서 되돌아보면, 내가 걷고 있는 인생의 여정을 바라볼 눈을 얻게 되고, 비틀리거나 엉클어진 초점을 다시 조정할 수 있는 여유도 생겨난다. 이 모든 것이 책을 읽으면서 깨닫게 된 일들이다.

만약 공자의 삶이 순탄했고, 정치적으로 성공한 인물로만 남았다면 우리는 그를 성인이라 부르지 않았을지도 모른다. 그는 배우고 익히는 과정 속에서 삶의 의미를 찾는 길을 몸소 보여준 사람이었다. 치열한 경쟁 속에서 자칫 내면이 공허해지기 쉬운 오늘의 사회에서, 그의 가르침은 더욱 또렷해진다. 배움을 통해 자신을 잃지 않고, 삶의 방향을 가다듬는 일. 그 길이야말로 가장 오래 지속되는 기쁨으로 향하는 길임을 공자는 담담한 언어로 우리에게 일러주고 있다.

누군가는 사람을
흔들리는 갈대에 비유하지만,
정작 흔들리는 것은 갈대가 아니라
그것을 바라보는 사람의
마음인지도 모른다.
갈대는 바람에 흔들릴수록
오히려 뿌리를 더 깊이
대지에 내린다.

4장

가장 늦은 시작은 가장 멀리 간다

: 그럼에도 여전히 늦었다는 사람들에게

어제의 오늘은 이미 과거가 되었고,
미래라 부르던 시간은
오늘이 되어 우리 앞에 서 있다.
삶은 늘 이렇게 흘러가며 묻는다.
지금, 이 순간을 어떻게 살 것인가?
나이를 이유로 머뭇거리지 말 것.
지금 이 순간이야말로
우리 인생에서 가장 젊고,
가장 유능한 시간이므로.

마흔여섯, 처음으로 직장인이 되었다

"점점 나이는 들어가는데, 지금까지 해놓은 것도 없고 무엇을 어떻게 해야 할지 걱정이에요."

모 고등학교에서 학생들과 직업과 장래에 대해 멘토-멘티로 대화를 나누던 자리에서, 2학년에 재학 중인 한 학생이 조심스럽게 내게 건넨 말이다. 나는 그 아이의 얼굴에 드리운 고뇌의 그림자를 보았다. 열여섯, 열일곱의 나이. 여드름이 듬성듬성한 얼굴로 자신의 앞날을 걱정하던 그 아이는 학업에도 성실했고, 선생님들로부터도 인정받는 학생이었다.

나이가 무엇이길래, 도대체 그 '나이'라는 것이 뭐라고. 이성 친구를 사귀고 영화와 음악에 빠져들거나, 때로는 부모와 어른들을 향해 이유 없는 반항으로 몸살을 앓아도 될 사춘기의 한가운데에서, 그 아이는 왜 자신의 인생을 이렇게 무겁게 걱정하고 있었을까. 하지만 나는 그 아이가 왜 그런 말을 했는지 어렴풋이 짐작할 수 있었다. 미래에 대한 불안이 오늘을 짓누르고, 아직 오지 않은 수많은 날들을 미리 그늘 속에 가두어버린 것은 아니었을까.

외환위기는 이 나라의 수많은 사람들을 거리로 내몰았다. 누구도 나를 보호해주지 않았고, 모든 책임을 오롯이 개인이 짊어져야 했던 시절이었다. 그때는 '나이가 들었다'는 사실 자체가 죄처럼 느껴지곤 했다. 결코 이른 나이도 아니었고, 당시의 기준으로 보자면 '젊다'는 말과는 거리가 먼 나이였다. 그럼에도 나는 무언가 새로운 일에 도전하고 뜻을 세우기에는 이미 늦었다는 세상의 통념과 정면으로 맞서고 싶었다. 가진 것이라곤 오기 하나, 그것도 똘똘 뭉쳐 단단해진 오기뿐이었다.

처음부터 나의 목표는 소방기술사였다. '갈 수 있는 데까지 가보자'라는 당돌한 마음만은 겉으로 드러내지 않은 채 깊숙이 감추었다.

"극성도 어지간히 떤다. 그 나이에 뭘 하겠다고 저렇게 애를 쓰나 몰라."

나를 향해 던져지던 주변의 시선 속에서, 나는 내 속내를 쉽게 내보이고 싶지 않았다.

'그래, 두고 보라지. 언젠가는 임정열이라는 이름으로, 나는 반드시 우뚝 서고 말 거니까…'

결과를 보여주지 못한다면, 나는 끝내 그들의 말 속에서 조롱거리로 남고 말 것이었다. 그래서 더는 물러설 수 없었다.

소방기계기사와 소방전기기사, 이른바 '쌍기사'를 취득하고 나니 마흔여섯의 나이, 게다가 여성인 나에게도 손을 내미는 곳이 생겼다. 신도림에 위치한 한 정보통신공사업체에서 면접 요청이 들어온 것이다. 면접 자리에서 회사 대표님은 내 이력을 훑어보더니 대뜸 이렇게 말했다.

"아니, 그 나이에 소방 쌍기사를 취득하다니 정말 대단하십니다."

그 말을 들으며 나는 조용히 속으로 되뇌었다.

'저는 아직 끝이 아닙니다.'

대표님은 내 나이를 문제 삼지 않았다. 그렇게 나는 그 회사의 직원으로 채용되었다.

순전히 자격증 덕분에 취업이 이루어졌다. 그 사실이 나는 신기하기 짝이 없었다. 그렇게 헤매고 찾아도 손에 잡히지 않던 일자리가, 고작 8개월의 공부 끝에 손에 쥔 자격증 하나로 나이 든 아줌마에게도 기회가 돌아온 것이다. 속으로 는 탄식이 먼저 나왔다.

'진작 알았더라면, 그 고생은 하지 않아도 됐을 텐데…'

하지만 이내 생각을 고쳐먹었다. 지금이라도 소방을 만나게 된 것이 얼마나 다행인가. 지난 세월이 억울하게 남지 않도록, 더 열심히 실무를 익히고 현장을 배우며 이 경험을 앞으로의 원대한 계획을 위한 디딤돌로 삼겠다고 스스로 다짐했다. 그렇게 나의 첫걸음이 시작되었다.

매달 꼬박꼬박 들어오는 월급도 물론 기뻤지만, 무엇보다 가장 큰 수확은 나 자신에 대한 자존감이 회복되었다는 사실이었다. '나는 다시 쓸모 있는 사람이구나'라는 감각이 마음속에서 조용히, 그러나 단단하게 자리 잡기 시작했다.

남편 역시 나와 함께 공부를 시작해 그해 소방 쌍기사를 취득했다. 이후 고양시에 위치한 소방용 제연댐퍼 제조업체에 취직했고, 소방용품 제조 현장을 경험하면서 전기기사 자격증에도 도전해보고 싶다고 했다. 그렇게 2008년 전기기사 자격증을 취득했고, 2010년에는 쉰두 살의 나이에 그 자격증을 발판 삼아 전기안전진단 업체에서 새롭게 일을 시작할 수 있었다. 그제야 우리는 비로소 '안정적인 직장'이라는 말 앞에 설 수 있게 되었다.

　나이는 정말 숫자에 불과한 걸까. 아니다. 적어도 내가 살아온 이 사회에서, 나이는 결코 숫자에 불과하지 않았다. 나이가 든다는 것이 그 사람이 지나온 세월 전체를 온전히 인정받지 못한다는 뜻이기도 하다는 사실을, 나와 남편은 뼈에 새기고 가슴에 사무치도록 배웠다. 나이가 들었다는 이유만으로 존경받고, 집단 속에서 자연스럽게 자리를 부여받던 시절은 이미 호랑이 담배 피우던 옛이야기가 되어버렸다. 그렇다면 어떻게 해야 할까. 나이가 들었다는 이유로 함께 일할 동료이자 구성원으로 인정받지 못한다고 울분을 토하며 세상을 원망해야 할까.

　하지만 다시 생각해보면, 또 한편으로는 나이가 정말 숫자에 불과한 순간도 분명 존재한다. 내가 이 사회에 필요한 사람으로 준비되어 있을 때, 세상이 나를 부를 이유를 갖게 되었을 때, 그때 비로소 '나이는 숫자에 불과하다'라는 말이 현실이 된다. 그 사실은 나만 아는 것이 아니라, 남들도 함께 알게 된다. 그러니 나이가 나를 지배하도록 내버려두기 전에, 내가 먼저 준비해야 한다. 남들보다 출발이 늦었다고 인생이 뒤처지는 것은 아니기 때문이다.

나이든 사람에게 주시는 신의 선물

사람들이 공통적으로 내게 궁금해하는 것들을 간추려보면 대략 세 가지쯤 된다. 그 나이에 어떻게 공부했는지, 연봉은 어느 정도인지, 그리고 원래 머리가 좋은 편이었는지 하는 질문들이다. 그중에서도 가장 많이 받는 질문은 단연 첫 번째, '그 나이에 어떻게 공부했느냐'는 것이다. 이제 그 이야기를 해보고자 한다.

나에게 공부는 결코 쉬운 일이 아니었다. 더구나 마흔 후반의 나이에 처음 접하는 '소방기계' 분야 자격증 공부가 단번에 이해되고 술술 암기될 리 만무했다. 어렵고 지루했고, 때로는 모든 걸 집어치워버리고 싶은 유혹이 수시로 고개를 들었다. 특히 이과·공과 계통 공부의 출발점이자 가장 기본이라 할 수 있는 중력단위계, 뉴턴의 법칙을 적용한 국제단위계, 미국식 psi 단위계 등 각종 단위계의 개념과 상호 변환 문제는 시작부터 덜컹거리는 마차에 올라탄 기분을 안겨주었다.

하지만 이미 올라탄 마차에서 내려올 수 없다면 방법은 하나뿐이다. 그 덜컹거림을 견디는 것도, 피해 가는 것도 아니라 차라리 익숙해지는 것이었다. 솔직히 말하면 무식한 방법이었지만, 나에게는 '반복' 외에는 다른 방도가 없었다. 처음에는 내용은커녕 한글로 적힌 문장을 끝까지 읽어 내려가는 것조차 버거웠다.

그래서 가장 먼저 한 것은 '초벌 읽기'였다. 말 그대로 공부를 하겠다는 욕심은 내려놓고, 단원 제목과 소제목, 그림과 도표를 훑어보는 수준의 읽기였다. 그다음부터야 비로소 '공부다운 공부'를 시도했다. 단원을 다시 읽으며 기본 문제를 함께 풀어나갔고, 이 과정을 몇 번이고 반복했다. 신기하게도 반복 횟수가 쌓일수록 이해의 폭이 조금씩 넓어졌고, 처음에는 스쳐 지나가던 내용들이 머릿속에 잔상처럼 남아 서서히 기억으로 자리 잡는 것이 느껴졌다. 그렇게 나는 덜컹거리는 마차 위에서, 내 속도에 맞춰 조금씩 앞으로 나아가기 시작했다.

기사 자격증 공부는 기출문제집을 중심으로 반복하고 또 반복하다 보니, 시험에 자주 등장하는 용어들에 대한 이해가 어느 정도 자리 잡히기 시작했다. 객관식 시험이라는 점도 나에게는 하나의 장점이었다. 틀린 보기를 먼저 지워가며 역으로 정답을 찾아갈 수 있었기 때문이다. 나이가 들며 기억력이 예전 같지 않아 답이 바로 떠오르지 않을 때도 있었지만, 제시된 문항을 차분히 읽어가면서 전후 상황과 비교해볼 때 정답이 보이는 경우도 적지 않았다. 그렇다고 해서 기사 자격증 공부가 쉽다는 뜻은 아니다. 기본적으로 4년을 전공으로 공부한 사람만 응시할 수 있는 자격증이니, 제대로 공부하지 않으면 합격하기 어려운 시험임은 분명하다.

그러나 기사를 넘어 소방시설관리사, 더 나아가 소방기술사에 도전하는 일은 차원이 달랐다. 기사 자격증을 이미 취득했음에도 불구하고, 막상 그 공부를 마주하고 보니 말 그대로 '넘사벽'이라는 표현이 딱 어울렸다. 과연 이 공부를 내가 해낼 수 있을지, 자신에 대한 의구심이 마음속에서 뭉게구름처럼 피어올랐다. 하루 종일 공부만 해도 시간이 턱없이 부족하게 느껴질 정도였다.

그 무엇보다도 시급한 과제는 매 순간 머릿속을 휘어잡

는 두려움을 이겨내는 일이었다. 나는 매일 아침, 아니 길에서든 집에서든 거울을 마주할 때마다 그 안의 나를 향해 주문처럼 되뇌었다.

"정열아, 넌 할 수 있어. 아니, 해내야만 해."

기술사를 준비할 당시 내 나이는 쉰셋이었다. 외워야 할 공부의 양은 실로 어마어마했고, 이 방대한 분량을 과연 어떻게 감당해야 할지 앞이 막막해졌다. 하지만 공부에도 결국 왕도는 있었다. 바로 끈기였다. 엉덩이를 무겁게 붙이고 앉아 책을 노려보기만 하는 것도 공부였다. 엎드려 침 흘리며 졸다가 화들짝 깨는 것도 공부였고, 책을 펼쳐둔 채 창밖에서 아름답게 타오르는 단풍을 멍하니 바라보는 시간마저도 공부였다. 그렇게 의자에 버티듯 앉아 있다 보면, 어느 순간 이해되지 않던 단락들이 여기저기서 툭툭 튀어나오기 시작한다. 그렇게도 죽어라 외워지지 않던 내용들이 시간이 흐르며 하나의 큰 그림으로 눈에 들어오는 순간이 찾아왔다.

고등학교 시절 기능사 시험을 준비할 때만 해도, 교과서에 나온 내용을 그대로 외워 정답을 찾아 답안지에 표시하기에 급급했다. 그러나 나이를 먹고 경험이 쌓이니, 조금만 생각해보면 이유가 보이는 항목들이 점점 늘어나기 시작했다.

이를테면 이런 질문이다. 감지기는 어디에 설치해야 할까? 화재가 발생했을 때, 불이 난 사물 가까이에 설치하는 것이 맞을까, 아니면 화점과는 떨어진 천장에 설치하는 것이 옳을까. 직관적으로는 화점 가까이에 설치해야 조기 감지가 가능할 것처럼 보인다. 그러나 공기의 흐름과 부력이라는 개념을 이해하면 답은 의외로 간단하다.

공기는 유체다. 흐름이 형성되는 기체이며, 화재로 인해 온도가 상승하면 뜨거워진 공기의 밀도는 낮아진다. 그 결과 부력이 생기고, 가벼워진 공기는 연기와 함께 위쪽으로 이동한다. 결국 가장 먼저 뜨거운 공기와 연기가 도달하는 곳은 천장이다. 그래서 감지기는 천장 면에 밀착해 설치하는 것이다. 펄펄 끓는 물주전자에서 수증기가 어디로 향하는지를 떠올려보면, 그 안에 이미 답이 들어 있다. 공부를 통해 깨닫게 된 것 중 하나는, 사람이 나이를 먹어간다는 것이 단지 세월이 흐른다는 뜻이 아니라 그만큼 경험의 기회가 축적되었다는 의미라는 사실이다. 그 경험을 바탕으로 이해하고, 추측하고, 미루어 짐작할 수 있는 폭은 젊은 시절과는 비교할 수 없을 만큼 넓어진다.

물론 나이가 들어 시작한 공부는 어릴 적처럼 신선하지 않다. 새로운 지식을 마주한 두뇌는 마치 빠른 회전을 거부하듯, 배운 내용이 머릿속에서 튕겨 나오는 느낌을 주기도 한다. 내용 파악은 쉽지 않고 암기도 잘되지 않으며, 심지어는 알고 있던 것마저 잊어버린 듯한 착각에 빠져 허우적거리게 된다. 두 걸음 나아갔나 싶으면 어느새 세 걸음 뒤로 가 있는 느낌. 늪 속에서 나오려고 팔을 휘저어대지만 앞으로 전진하고 있다는 확신이 느껴지진 않는다.

그러나 시작 무렵의 그 버거운 시간을 무거운 엉덩이로 버텨내고 나면, 어느 순간 지금껏 살아오며 쌓아온 삶의 지혜와 경험들이 하나둘 모여들어 이해의 폭이 훨씬 넓고 깊어졌음을 느끼게 된다. 바로 그때부터 공부는 조금씩 재미있어지기 시작하고, 자꾸만 다시 들여다보고 싶어지는 순간이 찾아온다. 그 지점까지만 견디면 된다. 아무것도 하지 않고 막연히 기다리라는 뜻이 아니다. 무언가에 도전하고, 배운 내용을 삶의 이치와 연결하려 애쓰다 보면 어느새 자신의 나이를 잊게 되는 순간이 찾아온다. 그리고 젊은 시절에는 미처 맛보지 못했던, 깊고 묵직한 공부의 희열이 비로소 모습을 드러낸다.

나이를 먹고 무언가에 도전하는 사람에게 신은 선물을 하나 내어주신다. 그것은 바로 자기 자신이 지닌 능력을 스스로 깨닫게 하는 힘이다. 그렇다. 찾고, 두드리고, 구하는 이에게 그분은 오랜 시간 감춰져 있던 나만의 지혜와 사물을 꿰뚫는 통찰을 선물로 내어주신다.

조선 중기의 문인 백곡 김득신은 쉰아홉의 나이에 과거에 급제해, 마침내 조선을 대표하는 시인으로 인정받았다. 그는 어린 시절 천연두를 앓은 뒤 '천하의 둔재'라 불리며 집안과 마을의 조롱거리가 되었던 인물이다. 그러나 그는 좌절하지 않았다. 《노자》를 2만 번, 《사기》의 〈백이열전〉을 무려 11만 3천 번이나 읽었다고 전해진다. 그 집요한 노력을 감히 누가 쉽게 흉내라도 낼 수 있을까. 그의 묘비에는 이런 글이 새겨져 있다.

"재주가 남만 못하다고 스스로 한계를 짓지 말라.

나보다 어리석고 우둔한 사람도 없었지만,

결국에는 이룸이 있었다.

다만 모든 것은 힘쓰는 데 달렸을 따름이다."

우주의 먼지, 그럼에도 불구하고

《삼국지》 1권을 읽다 보니 유독 눈길을 끄는 대목이 있었다. 인간의 유형을 열정과 재능을 기준으로 네 가지로 나눈 부분이다. 첫째는 열정도 재능도 없는 사람, 둘째는 재능은 있으나 열정과 그에 따르는 신념이 부족한 사람, 셋째는 재능은 없지만 열정만은 넘치는 사람, 그리고 마지막은 열정과 재능을 한 몸에 지닌 사람이다.

이러한 분류는 혼란한 시대의 변혁을 꿈꾸던 이들의 이합집산과 낡고 부패한 기성 권위에 도전하며 곳곳에서 일어났던 혁명가들의 성공과 실패를 관찰한 결과가 아닐까 생각한다. 수많은 인간 군상을 지켜보며 그들의 행로를 유형화해 정리한 하나의 통찰이었을 것이다.

물론 인간을 네 가지 유형으로만 구분할 수는 없기에, 이

분류가 절대적으로 옳다고 말할 수는 없을 것이다. 그러나 내가 걸어온 삶의 발자국을 되짚어보면, 이 네 가지 모습이 저마다의 비율로 뒤섞인 수많은 장면들이 떠오른다. 나는 삼국지에 등장하는 네 유형 가운데 어느 하나에만 속하는 사람이 현실에 존재한다고는 생각하지 않는다. 오히려 인간의 내면에는 이 네 가지 성향이 함께 공존하며, 실패와 성공을 오가고 고난을 딛고 일어서게 하는 하나의 구심점이자 원동력으로 작동하고 있다고 믿는다.

네 가지 유형의 인간 군상에 대한 대목을 읽으며, 그렇다면 나는 과연 어떤 부류의 사람일까라는 질문이 며칠 동안 머릿속을 떠나지 않았다. 그러다 문득, 내 안에도 이 네 가지 패턴의 성향이 모두 공존하고 있다는 생각이 스쳐 지나갔다. 곰곰이 되돌아보니 과연 그랬다. 재능도 느껴지지 않고 열정조차 생기지 않는 과제와 일들이 내게도 분명히 있었다. 하고 싶지 않았고, 의욕도 없었지만 남들의 시선이 신경 쓰여 마지못해 끌려가듯 해내야 했던 순간들. 욕먹지 않기 위해, 관계에서 밀려나지 않기 위해 억지로 감당했던 일들이 분명히 존재했다. 어쩌면 나는 많은 일과 사람 사이의 관계를 그렇게 건너왔는지도 모른다. 열정도 재능도 아닌, 그저 버티는 힘으로 말이다.

그리고 두 번째 유형, 재능은 있으나 열정이 부족했던 순간들도 내 삶에는 수없이 많았다. 이를테면 남편의 실직으로 생계가 막막하던 시절, 새벽에는 우유 배달을 하고 낮에는 미용실에서 잠시 미용 기술을 배워보려 했던 적이 있다. 한 달 남짓 배우다 그만두었는데, 주변에서는 손재주가 있으니 계속해보라며 등을 떠밀어주었다. 그러나 아이를 돌봐야 한다는 현실적인 문제를 비롯해 여러 가지 이유를 핑계 삼는 사이, 마음속의 열정은 금세 사그라들고 말았다. 또 한 번은 친구의 권유로 보험 일을 해보기도 했다. 보험 모집인 공부를 하고 시험까지 합격했지만, 불꽃처럼 타오르는 열정이 없다는 사실을 마음 한편에서 스스로 부정할 수 없었고, 결국 오래가지 못한 채 그만두고 말았다.

세 번째 유형에 대해서는 할 말이 참 많다. 바로 나의 '음악'이 그렇다. 나는 음악에 진심이었고, 음악을 배우고 싶다는 열정 하나로 어린 시절을 살아왔다고 해도 과언이 아니다. 오죽하면 오빠들의 음악책을 싸 들고 뒷동산에 올라가, 듣는 이 하나 없고 박수쳐줄 청중도 없는 혼자만의 음악회를 열며 상상의 나래를 펼쳤을까. 저녁이면 대청마루에서 라디오 연속극이 시작되기 전, 나는 "아버지, 내가 먼저요! 내가 먼저 할게요!"라며 칭찬받고 싶은 마음에 엄마 아버지 앞에서 응석을 부리곤 했다. "그래, 어디 한번 해봐라"는 아버지의 말씀에 발딱 일어서 주제가를 한 곡조 뽑아내고 나서야 비로소 가족들은 연속극을 들을 수 있었다.

학교에서 군 대회나 도 대회 준비를 위해 음악실 사용을 허락받았을 때도 나는 신이 나서 혼자 페달을 밟아가며 풍금을 치고 노래 연습을 했다. 그러다 보니 자연스레 반주법을 터득하게 되었고, 어느새 어린이 동요나 쉬운 찬송가는 혼자서도 제법 연주할 수 있게 되었다. 어디를 가든 '정열이는 노래 잘하는 아이'로 불리던 시절이었다.

하지만 그다음부터가 문제였다. 음악을 향한 열정은 힘든 시기에도 좀처럼 사그라지지 않았고, 결국 앞서 소개한 대로 2년제 음대에 진학했다. 의욕에 차 입학했지만, 곧 나 자신의 한계와 마주했다. 함께 공부하던 학생들의 실력이 상상을 훌쩍 뛰어넘었기 때문이다. 한 번만 듣고 곡을 외우는 아이들, 악보를 통째로 기억하는 아이들, 높은 소프라노 음역을 거뜬히 넘나드는 아이들 사이에서 나는 깊은 절망을 느꼈다. 아무리 애써도 열정만으로는 좁힐 수 없는 거리가 분명히 존재했다. 그럼에도 한 가지 분명한 수확은 있었다. 음악이론과 화성학, 지휘법 수업은 유난히 재미있었고, 이론만큼은 뒤처지지 않으리라는 자각이 생겼다. 비록 연주자의 꿈은 이루지 못했으나, 그 경험은 결코 헛되지 않았다.

그리고 마침내 마지막 유형, 재능과 열정을 함께 지닌 경우에 이르러 나는 조심스레 고개를 끄덕이게 된다. 나의 기술사 공부 과정이 바로 그 경우가 아니었을까 하는 생각 때문이다. 어릴 적부터 공부를 유난히 잘했던 기억은 없지만, 그렇다고 특별히 뒤처졌던 것도 아니었다. 시골에서 자라며 학원 한 번 다녀보지 못했고, 학교 수업이 공부의 전부였다. 이해되지 않는 문제를 붙잡고 물어볼 곳도, 다시 설명해줄 사람도 없던 환경에서 많은 것들은 그대로 흘러가 버렸다.

기술사 공부를 시작하며 그 시절이 자주 떠올랐다. 집안 형편을 비롯한 여러 이유 뒤에 숨어, 공부에 충분히 매달리지 못했던 시간들에 대한 아쉬움이었다. 만약 그때 지금과 같은 열정으로 공부했다면 어땠을까 하는 생각이 들 때마다, 나는 오히려 책을 더 깊이 파고들었다. 그러다 보니 어느 순간 공부가 재미있어지기 시작했다. 물론 과정은 결코 쉽지 않았다. 힘겹고 고통스러운 시간도 많았다. 하지만 열정을 다해 몰입하자, 스스로도 미처 알지 못했던 공부에 대한 재능이 서서히 모습을 드러냈다. 그리고 마침내, 기술사 시험 합격이라는 결과에 다다를 수 있었다.

자신이 어떤 유형의 사람인지 파악하는 일은 결코 쉽지 않다. 무엇에 흥미를 느끼고 무엇을 잘하는지, 직접 경험해 보지 않고서 어떻게 알 수 있을까. 다양한 경험과 도전을 거치지 않은 사람이 자신이 좋아하는 일과 재능을 단정지을 수는 없다. 신은 우리에게 주어진 능력을 스스로 아무것도 하지 않으면 발견할 수 없도록 정교한 논리 회로처럼 설계해두었다. 그렇기에 사람인 우리는 그것을 찾아 나설 의무를 지닌다. 실패를 두려워하지 말고 도전해야 하는 이유가 바로 여기에 있다.

실패했다고 해서 자신을 지나치게 몰아세울 필요도, 실패한 이웃을 쉽게 질타할 이유도 없다. 실패 없는 성공이 안겨주는 기쁨보다, 쓰라린 실패를 딛고 얻은 작은 열매가 더 달고 그 기쁨 또한 오래간다. 수많은 경험이 오늘의 나를 만들었고, 끊임없는 실패와 반복이 켜켜이 쌓여 나를 지금의 이 자리에 데려왔다. 그러니 오늘도, 또 하나의 도전을 향해 조용히 첫 삽을 뜰 준비를 해야 하지 않겠는가.

칼 세이건은 그의 저서 《코스모스》에서 이렇게 말했다. 저 멀리 작고 희미하게 보이는 '창백한 푸른 점'에 불과한 것이 바로 우리의 고향, 지구라고. 그리고 그것은 우주 속의 한

점 먼지에 지나지 않는다고. 이는 광활한 우주 앞에서 인간이 마땅히 지녀야 할 겸손함을 일깨우기 위한 말이었을 것이다.

그러나 나는 그 겸손의 미덕과 더불어, 우리의 존재를 감히 '우주의 보석'이라 말하고 싶다. 왜냐하면 그 작은 먼지 같은 존재조차도 수십억 년의 시간을 건너오는 동안, 나와 똑같은 존재는 과거에도 없었고 앞으로도 없을 것이기 때문이다. 아무리 먼지라 할지라도 유일무이하다면 그것은 곧 명품이며, 진정한 보석이다. 우리는 이미 보석처럼 빛날 자격을 지닌 존재다. 다만 우리 앞에는 내 안의 원석을 발견해 다듬고, 스스로 빛나는 보석으로 가꾸어가는 지난한 과정을 통과해야 할 숙제가 놓여 있을 뿐이다.

되돌아보니 쓸모없는 공부란 없었다

늦은 출근길, 밀리는 도로의 신호등이 초록색으로 딱 맞춰 바뀌고, 허겁지겁 로비에 도착하니 마침 엘리베이터가 1층에 대기 중이라 지각을 면한 경험은 누구나 한두 번 겪어본 일일 것이다. 세상에는 분명 우연이 존재한다. 그러나 그것을 '우연'이라는 말로 가볍게 흘려버리기에는, 너무 많은 결과들이 우리의 삶 속에 깊숙이 스며들어 있다. 인류를 구한 푸른곰팡이, 페니실린의 발견이 그러하고 우리가 일상에서 흔히 사용하는 포스트잇 역시 대표적인 우연의 산물이라 할 수 있다.

나의 삶에도 우연히 얻어진 어떤 일들이 서로 이어지고 맺어지며 지금의 나를 있게 했다는 것을 부정할 수 없다. 나 자신도 깜짝 놀랄 정도로 '어떻게 이런 일이~!'라고 생각했을 정도이니 다른 사람의 시선에서 볼 때야 오죽할까.

　남들보다 4년 늦은 나이에, 처음으로 선택한 대학 전공은 불어불문학과였다. 내가 생각해도 생뚱맞은 선택이었지만 프랑스 문학을 배우고 생텍쥐페리, 스탕달, 마르셀 프루스트, 기 드 모파상 등 대 작가들의 작품을 만나고 그들의 철학을 들여다볼 수 있는 소중한 시간이었고 기회였다. 많은 아쉬움을 남기고 학업을 중단해야만 했을 때 절대로 이게 끝은 아니라고 다짐하고 또 다짐했지만 현실은 절대 녹록하지 않았다. 내가 가고 싶은 길을 쉽게 터주지 않는 세상이 너무도 원망스러웠고 주위에 잘 나가는 많은 사람들을 보면서 내가 처한 현실은 점점 더 초라해 보일 뿐이었다.

　불문학과를 다니며 접했던 대문호들의 작품은 나에게 독서의 기쁨을 일깨워주었고 책을 가까이 하며 읽고자 하는 열망을 품게 해주었다. 그러면서 그들이 작품 속에서 말하고자 했던 주제를 찾아내는 눈을 갖출 수 있었다. 나는 특별히 글쓰기 수업을 배운 적이 없다. 또한 글을 써본 경험도 많지 않다. 하지만 다양한 문학작품을 읽었던 경험들이 내가 생각한 바를 글로 표현하는 데 바탕이 되어준 것은 분명하다. 책을 읽고 공부하는 것을 겁내지 않는 마음의 자세는 그 시절 형성되어진 게 아닐까 싶다. 그리고 글을 읽고 주제를 빠르게 찾아내는 방법과 글쓰기와 표현 기술은 기술사 시험에 필수적인 요소로 답안지 작성에 도움이 된 것은 분명하다.

이쯤 되면 "그럼 음악은 어떻게 된 거냐"라고 묻고 싶은 사람이 있을 법하다. 음악과 이공계가 무슨 상관이냐는 질문도 자연스럽다. 그러나 나는 단호히 말하고 싶다. 천만의 말씀이라고. 음악의 가장 기본 요소인 박자부터가 숫자의 언어다. 4분의 4박자, 8분의 12박자처럼 리듬은 수로 표현되고, 두 마디·네 마디·여덟 마디·열여섯 마디 등 곡의 골격을 이루는 마디 또한 숫자로 구성된다. 음악사를 조금만 들여다봐도, 중세 시대에 음악이 수학의 한 갈래로 다루어졌다는 사실을 알 수 있다.

고대 수학자로 알려진 피타고라스는 음계를 정리하면서 음과 음 사이의 간격을 수학적 비율로 해석했고, 그 과정에서 음악의 조화와 수학의 아름다움을 함께 탐구했다. 바로크 시대의 악보에는 화성을 숫자로 표기한 '통주저음(숫자저음)'이 사용되었는데, 이는 음악을 구조와 규칙의 체계로 이해하려는 시도의 산물이었다. 그리고 바로크 시대의 거장, '음악의 아버지'라 불리는 바흐의 〈푸가〉는 수학적 구조 위에 음악적 서사를 정교하게 쌓아 올린 작품으로 평가된다. 비율과 대비, 갈등과 해소가 치밀하게 맞물린 그 음악은, 수학과 음악이 얼마나 깊이 닮아 있는지를 보여주는 가장 아름다운 증거라 할 수 있다.

음악은 그저 음표와 쉼표의 나열이 아니다. 그것은 수학적 사고를 바탕으로 한 논리의 학문이며, 내게는 기술사 공부의 균형을 잡아주는 중요한 도구가 되었다. 특히 클래식 음악의 형식미를 차용해 답안지를 구성하면, 간결하면서도 완성도 높은 한 편의 작품처럼 정돈된다. 그렇다면 주제의 제시와 전개, 발전을 거쳐 결말에서 다시 재현되며 마무리되는 형식미가 녹아든 답안지는 어떤 모습일까?

먼저 서론에서는 문제에서 요구하는 핵심 주제를 정확히 파악해 제시한다. 본론에 들어서면 주제를 중심으로 현실적인 문제점과 그에 따른 해결 방안을 수험자의 역량에 맞게 변주하며 펼쳐나간다. 이때 필요하다면 그림이나 도표를 활용해 논지를 분명히 드러낸다. 그리고 결론에 이르러 주제를 다시 한번 간략히 환기하고, 대책을 간결하게 정리하며 글을 맺는다. 이렇게 서론-본론-결론이 명확한 형식으로 구성된 답안지는, 질문에 대한 또렷한 응답은 물론 그동안 축적해온 수험자의 사고 태도와 공부의 깊이까지도 자연스럽게 드러나게 만든다.

아버지는 어린 나에게 늘 말씀하셨다. "사람은 도둑질만 빼고는 무엇이든 배워야 한다"라고. 귀에 못이 박이도록 들었던 그 말씀이 내 인생에 어떤 영향을 끼쳤는지 정확히 가늠할 수는 없지만, 나는 그것이 무엇이 되었든 배우는 일을 늘 마음에 두고 실천하려 애써왔다. 그렇게 틈틈이 배우고 익히며 쌓아온 지식들은 조각조각 퍼즐처럼 맞물려, 마침내 소박하지만 다채로운 한 폭의 그림으로 내게 모습을 드러냈다.

세상의 모든 건 연결되어 있다

앞서 소개한 것처럼 나의 취미는 등산이다. 공부하는 동안 체력을 보강하고, 시험 준비로 쌓인 스트레스를 풀기 위한 가장 현실적인 선택이 바로 등산이었다. 비용도 거의 들지 않는다. 숨이 차서 헉헉대고, 땀을 흘리며 산길을 오르다 보면 마음속에 엉켜 있던 잡다한 근심과 걱정이 어느새 씻겨 내려간다. 사방이 탁 트인 정상에 올라 불어오는 바람을 맞는 순간의 상쾌함은 어떤 보약보다도 큰 힘을 준다.

그런데 어느 날 문득 이런 생각이 들었다. 산을 오르면 왜 이렇게 힘이 들까? 정상이 지금 서 있는 곳보다 높은 위치에 있으니 다리가 아프고 숨이 찬 것은 당연한 일이다. 하지만 그 질문이 이상하게도 머릿속을 떠나지 않았다. 산을 오르는 내내 곰곰이 생각해보니, 이유는 의외로 단순했다. 바로 중력 때문이다.

　우리는 이 지구 위에서 중력의 영향을 받으며 살아간다. 우리가 땅을 딛고 서 있을 수 있는 것도, 공중에 던진 물체가 다시 땅으로 떨어지는 것도 모두 중력의 작용이다. 땅으로 끌어당기는 그 힘을 거슬러 우주로 로켓을 쏘아 올리기 위해서는 막대한 연료를 태워 강력한 추진력을 만들어야 한다. 마찬가지로 사람이 산을 오르기 위해서도 중력을 거스르는 힘이 필요하다. 엔진의 도움 없이 오직 자신의 몸으로 그 힘을 감당하다 보니, 숨이 차고 다리가 무거워지는 것이다. 반대로 산을 내려올 때는 중력이 내려오는 사람을 돕는 방향으로 작용하니, 상대적으로 훨씬 수월하게 느껴진다.

　이 원리는 소방시설에도 그대로 적용된다. 고층 건축물의 꼭대기에 설치된 소화전이나 스프링클러 헤드까지 물을 보내기 위해서는 중력을 거스르는 힘이 필요하다. 그래서 전기모터나 엔진을 이용한 펌프가 설치된다. 또 다른 방법도 있다. 고층 건축물의 지붕 위에 수조를 설치하는 것이다. 중력을 이용해 자연 낙차로 물을 공급하는 방식으로, 별도의 에너지원이 없어도 작동할 수 있다. 구조는 단순하지만 신뢰도는 가장 높은 설비라 할 수 있다. 산을 오르며 느낀 몸의 피로가, 어느새 소방설비의 원리와 맞닿아 있다는 사실이 새삼 흥미로웠다. 그렇게 일상에서의 경험은 또 하나의 공부가 되어, 머릿속에 오래 남는다.

또 다른 이야기를 해보자면, 등산을 마치고 내려오는 길에 계곡물이 돌돌 흐르는 맑은 물줄기를 만나면 욱신대는 종아리와 발바닥을 쉬게 할 겸 차갑고 맑은 물에 다리를 담근다. 얼굴도 씻어낸다. 종일 열을 머금고 있던 발바닥과 종아리는 이내 시원해지고, 땀으로 범벅이 되었던 얼굴에도 상쾌함이 스며든다. 왜 그런 걸까? 답은 단순하다. 차가운 물이 우리 몸의 열을 빼앗아가기 때문이다. 등산으로 에너지를 소모하며 과열된 몸과 차가운 물이 맞닿는 순간, 열의 이동이 일어난다. 바로 그 결과로 우리는 시원함과 회복을 느끼게 되는 것이다.

화재가 발생했을 때도 원리는 같다. 가장 훌륭한 소화약제는 바로 물이다. 물의 비열은 액체 상태에서 $1cal/g℃$로, 지구상에서 가장 큰 비열을 가진 물질 중 하나다. 여기에 더해 물이 기화하면서 발생하는 증발잠열은 $539cal/g$에 이른다. 이 막대한 열 흡수 능력 덕분에 물은 불타는 가연물로부터 짧은 시간 안에 많은 열을 빼앗아올 수 있다. 그래서 옥내소화전이나 스프링클러 설비가 뛰어난 소화 효과를 발휘하는 것이다.

소방을 공부하면서 깨닫게 된 것은, 일상에서 겪는 사소한 경험들이 결코 서로 떨어져 있지 않다는 사실이다. 작은 일에도 이유를 묻고, 원리를 생각하며, 스스로 깨닫는 순간들이 쌓일수록 공부는 점점 더 즐거워진다. 그리고 그렇게 얻은 깨달음은 결국 사람이 살아가는 세상의 모습과도 맞닿아 있음을 알게 된다.

중력을 거스르며 산을 오르느라 몸이 힘들고 고단한 것처럼, 인생 또한 현실을 이겨내며 무언가를 이루고자 할 때 고통이 따를 수밖에 없다. 그러나 정상에 올라 사방을 둘러보며 느끼는 감동이 육신의 고됨을 상쇄해주듯, 당장의 어려움을 견뎌낸 뒤 얻게 될 작은 꿈의 알갱이들은 그 모든 과정을 의미 있게 만들어준다. 그래서 나는 오늘도, 흐르는 물길을 거슬러 오르는 연어처럼 한 발짝 앞으로 나아갈 용기와 여유를 다시금 얻는다.

인생이란 미로 찾기

인생이란 참으로 재미있는 미로 찾기가 아닐까. 그때 독학사에 도전하지 않았더라면, 새벽 시간에 공부하는 게 피곤하고 괴롭다며 중도에 포기해버렸더라면…. 무엇 때문에 그리 극성을 떠느냐는 남들의 말에 상심한 채 모든 것을 집어치웠다면, 그 수많은 핑계와 '만약에'라는 미로 속에서 길을 잃은 채 앞이 보이지 않는다며 주저앉아버렸다면, 오늘의 내 모습을 상상이나 할 수 있었을까.

흔히 말하는 '샐리의 법칙'은 우연히 찾아온 작은 행운들이 반복될수록 좋은 일만 일어난다고 믿는 긍정 심리학의 개념이다. 이는 결국, 주변에서 벌어지는 일에 대해 우리가 어떤 태도로 반응하느냐가 삶을 결정짓는 중요한 요소임을 일깨운다. 세상일은 정말 알다가도 모를 만큼 복잡하고 예측할 수 없는 일들로 가득하다. 그러니 일희일비하기보다는, 퍼즐 조각을 맞추듯 조금 떨어진 거리에서 큰 그림을 바라보며 차근차근 맞춰가는 시선이 필요하다. 그러다 보면 어느 날, 흩어져 있던 조각들이 뜻밖의 순서로 연결되며 하찮아 보이던 알갱이들마저 제자리를 찾아간다. 그 순간, 내가 꿈꿨던 것보다 훨씬 더 근사한 밑그림이 눈앞에 펼쳐지는 날을 만나게 될 것이다.

한 치 앞도 알 수 없는 것이 인생이다. 기나긴 여정을 각자의 걸음으로 뚜벅뚜벅 걷다 보면, 타는 목마름 속에서 메마른 광야를 건너야 할 때가 있다. 또 어떤 날에는 발끝에 툭툭 채이는 이슬방울을 머금은 들꽃들이 잔잔한 평온을 온몸으로 노래하는 오솔길 위에서 쉼을 얻는 날도 있으며, 때로는 웅장한 오케스트라를 감상하듯 우람한 나무 그늘 아래에서 장엄한 석양에 잠겨 세상의 무쌍한 변화에 깊이 감동하는 호사스러운 하루를 만날지도 모른다. 그 모든 길 위에서, 우리는 각자의 방식으로 삶을 배우고 완성해간다.

최근 TV에 〈야구여왕〉이라는 새로운 프로그램이 등장했다. 내로라하는 국가대표 출신 선수들이 야구를 처음부터 배우며, 진짜 실력파 여자 야구선수단으로 거듭나는 과정을 담은 프로그램이다. 화려한 이력을 지닌 그들이지만, 생소한 종목인 야구를 익히는 데에는 예상보다 훨씬 많은 노력과 맹연습이 필요해 보였다.

뛰어난 체력과 운동 감각, 그리고 누구보다 성실하게 준비했음에도 첫 연습 경기에 나선 결과는 참담했다. 결연한 각오가 무색하게 부상과 두려움을 이겨내지 못한 채, 36대 0이라는 큰 점수 차로 대패하고 말았기 때문이다. 탄식과 절망 속에서 그들은 망연자실한 얼굴로 한숨을 내쉬었지만, 이내 다음을 기약하며 폭풍 훈련 모드에 돌입했다. 기본기 훈련에 엄청난 시간과 노력을 쏟아붓는 모습을 지켜보는 순간, 나도 모르게 무릎을 탁 치며 외쳤다.

"맞다. 공부가 바로 저런 거지."

요즘은 운동을 취미로 시작했다가, 프로 못지않은 전문성을 갖추는 사람들도 적지 않다. 그렇다면 그들은 처음 운동을 시작할 때부터 자신에게 어떤 재능이 있고 무엇을 잘할 수 있는지 알고 출발했을까. 아마 대부분은 그렇지 않았을 것이다. 몸으로 직접 부딪치고, 넘어지고, 깨지고, 수없이 실수하는 탐색의 과정을 거치며 비로소 자신에게 맞는 길을 찾아간다. 어떤 이는 축구에, 또 다른 이는 탁구에 재미와 재능을 느끼듯 사람마다 빛나는 분야는 천차만별이다.

공부도 다르지 않다. 내가 어떤 분야에 재능이 있고 무엇에 흥미를 느끼는지, 직접 겪어보지 않고서 어떻게 알 수 있을까. 공부 역시 해봐야 비로소 감이 온다. 무엇이 잘 맞고, 어디에서 막히는지, 어느 지점에서 흥미가 살아나는지는 책상 앞에 앉아 몸으로 겪어야만 느껴진다.

공부 방법 또한 마찬가지다. 남들이 효과를 봤다는 공부법을 그대로 흉내 내보지만, 남의 옷을 빌려 입은 것처럼 어딘가 불편하기만 하다. 그러나 그 '불편한 흉내 내기'조차도 헛된 과정은 아니다. 그것 역시 나에게 맞는 방식을 찾아가는 필수적인 시행착오이기 때문이다. 그렇기에 더 많은 시도와 탐색이 필요하다.

여러 경험을 거쳐 마침내 몸에 잘 맞는 옷처럼 편안한 공부 방법을 발견하게 되면, 그때 비로소 자신의 길을 향해 걸어갈 준비가 끝난 셈이다. 부모들이 꼭 깨달아야 할 지점이 바로 여기다. 자신이 겪어온 방식을 아이에게 그대로 강요하지 말아야 한다. 그것은 어디까지나 '내 방법'이었을 뿐이다. 아이가 나의 분신처럼 느껴질지라도, 엄밀히 말하면 나와는 전혀 다른 존재다. 그 아이에게는 그 아이만의 방식이 있다. 다만 그 길을 찾는 데 시간이 조금 더 걸릴 뿐이다.

그러니 기대하고, 격려하며, 믿고 기다려주자. 그 기다림 이야말로 아이가 자기만의 길을 발견하도록 돕는 가장 큰 응원이 될 것이다.

공부, 나에게서 세상으로

뽀얀 흙먼지가 풀썩 일었다. "쿠릉— 쿠르르릉—." 육중한 쇠바퀴가 지축을 울리며 신작로를 지나가는 소리. 쇳덩이로 무장한 탱크가 굉음을 내며 마을길을 내달리고 있었다. 검정 고무신을 신었거나 벗어 손에 꼭 쥔 채, 까까머리에 꼬질꼬질한 얼굴을 한 동네 아이들은 코를 훌쩍이며 "깁미 껌! 깁미 껌!" 외쳐대면서 탱크 위에 올라앉은 미군들이 던져주는 껌을 하나라도 더 받기 위해 필사적으로 달렸다. 6·25 이후 베이비붐 세대에 태어나, 수복지구 최전방 철원에서 자라며 수도 없이 보아온 장면이다.

그때 우리는 가난이 무엇인지 몰랐다. 결핍과 무지가 너무도 보편적이어서, 그것을 가난이라 부르지 않았을 뿐이다. 학교 점심시간마다 나누어주던 옥수수가루를 뭉쳐 찐 떡인지 범벅인지를 두 손으로 받아 들고 맛있게 먹던 기억이 지금도 또렷하다. 여름이면 쌀이 없어 감자와 옥수수로 끼니를 대신하던 시절, 집집마다 마루 한편에는 구호품으로 받은 밀가루 포대가 놓여 있었고, 엄마는 그 밀가루에 늙은 호박을 넣어 풀대기를 쑤어주었는데 툇마루에 걸터앉아 허겁지겁 떠먹던, 그 은근한 단맛과 구수함까지도 기억 속에 남아 있다. 그렇게 가난을 일상으로, 추억으로 살아낸 세대가 바로 우리다.

2024년 12월, 추운 겨울 아침이었다. 우즈베키스탄으로 향하는 비행기 좌석에 앉아 안전벨트를 매는 순간, 오래전 그 아이들의 모습이 문득 눈앞에 겹쳐졌다. 뽀얀 흙먼지를 일으키며 달리던 아이들, 껌 하나를 얻기 위해 숨이 차도록 뛰던 그 작은 몸들. 가슴 깊은 곳에서 오래 묵은 기억의 편린들이 한꺼번에 밀려 올라왔다. 뜨거운 그 무엇이 솟구치자 나는 눈길을 창밖으로 돌렸다. 남의 나라에서 보내온 구호 물품을 얻어먹으며 어린 시절을 지내온 내가, 이제는 코이카 지원사업의 일원으로 대한민국을 대표해 우즈베키스탄으로 향하고 있었다. 삶이 이렇게 돌아올 줄은, 그때는 상상조차 하지 못했다.

　이번 출장은 우리나라의 소방기술을 해외에 지원하기 위한 사업의 일환이었다. 소방산업기술원과 동행해 우즈베키스탄 현지를 방문하며 소방용품의 생산·유통 과정과 소방기술의 현주소를 직접 확인하고, 현지의 건축 현황과 도시 기반시설을 살펴 향후 지원 사업의 타당성을 사전조사하는 일정이었다.

　우즈베키스탄은 과거 육로 무역의 중심지였던 실크로드의 요충지다. 비단길의 대상들이 사막을 건너고 고원을 넘으며 숨을 고르던 오아시스였고, 동아시아와 인도, 중동, 유럽을 잇는 동서 교역의 핵심 거점이었다. 이러한 지정학적 중요성 탓에 알렉산드로스 대왕을 비롯해 페르시아, 몽골, 티무르 제국까지 수많은 세력이 이 땅을 거쳐 갔고, 그 흔적은 지금도 역사 속에 깊이 남아 있다.

　현지 일정은 숨 가쁘게 이어졌다. 오전에는 설계사무소와 건축 현장을 방문하고 관계 기관 공무원들과 면담을 진행했다. 오후에는 하루 일정을 정리해 보고서를 작성했다. 일정 중에는 우즈베키스탄 소방공무원들을 대상으로 한국 소방기술을 소개하는 교육도 있었고, 마지막 일정은 외교부 관계자들이 참석한 가운데 워크숍으로 마무리했다.

　우즈베키스탄의 소방 관련 국가 시스템은 비상사태부가

전면적으로 관할한다. 재난·위기 대응, 소방안전, 공공안전 정책 전반을 하나의 조직에서 총괄하는 구조다. 그 배경에는 1966년, 진도 8 이상의 강진으로 수도 타슈켄트에 30만 명이 넘는 이재민이 발생하고 도시가 큰 피해를 입었던 아픈 기억이 있다. 이 경험은 지금까지도 사회 전반에 깊이 각인돼 공무원은 물론 일반 시민들까지 안전에 대한 인식 수준이 매우 높다.

정부 조직 내에서 비상사태부의 위상과 권한 역시 상당하다. 이번 방문 동안 소방연구소 소장과 부소장이 직접 우리 일행을 안내하며 신축 예정 연구소 부지를 함께 둘러보고 여러 회의에도 동석했다. 그들은 대한민국의 소방기술 수준과 소방용품 시험·인증 제도에 부러움을 담아 깊은 관심을 보였다.

우즈베키스탄은 대한민국을 바라보고 있었다. 신시가지 '뉴타슈켄트'는 우리나라의 강남을 벤치마킹해 조성한 도시로 밤이면 화려한 건물과 불빛이 하늘을 수놓는다. 다만 전기와 수도 등의 도시 기반시설은 아직 충분하지 않아 성장의 이면에 놓인 과제 또한 분명히 인식하고 있었다. '돌의 도시'라 불리는 타슈켄트의 안전을 지키는 기술 속에, K-소방과 K-안전이 우리의 노력으로 자리 잡게 되기를 조용히 바랐다.

귀국하는 날, 공항에는 비상사태부 부소장님을 비롯해 일정 내내 함께했던 소방관들이 배웅하기 위해 정복 차림으로 나와 있었다. 우리는 서로를 끌어안으며 짧지만 깊었던 시간을 아쉬운 작별로 마무리했다. 많은 대화를 나누지는 못했지만, 다시 만나게 되리라는 믿음만은 충분히 전해졌다.

돌아와 일상으로 복귀한 지금도, 나는 기술사로서의 역할을 다시 생각한다. 한국기술사회 여성위원회에서는 십시일반 마음을 모아 10년 넘게 연탄 봉사활동을 이어오고 있다. 그 공로를 인정받아 2025년에는 사회공헌사업 우수단체로 선정되기도 했다. 나 역시 기술사 합격 이후 그 일원으로 참여하며 소소하지만 분명한 기쁨을 누리고 있다. 가로등이 없는 시골 마을에 태양광 가로등을 설치하는 일, 다문화 가정 여성들과 함께 우리 문화를 나누는 자리 또한 여성 기술사들이 힘을 모아 지속해온 활동이다.

혼자의 힘으로는 결코 해낼 수 없는 일에 함께할 수 있다는 사실만으로도 충분히 감사하다. 그 기쁨이야말로, 기술사로 살아가며 내가 얻은 또 하나의 선물이었다.

다시 일어설 수 있는 힘이란

철없던 어린 시절을 지나 열정과 꿈, 그리고 오기 하나로 똘똘 뭉쳐 있던 젊은 시절의 나는 인생의 굴곡과 삶의 다양함을 알지 못했다. 아니, 그것을 헤아릴 눈을 갖추지 못했다고 하는 편이 더 정확할 것이다. 인생은 오직 직진만 있을 거라 믿으며, 내 삶의 돌파구를 찾아 '돌격 앞으로'를 외치듯 현실의 벽을 들이받았다. 부딪치고 또 부딪치며 생채기와 멍투성이가 된 채, 그저 앞으로만 나아가려 했다.

끓어오르던 청춘의 열망과 절망이 교차하는 다리를 건너며 쓰러지고 일어서기를 반복하다 보니, 어느새 내 나이는 예순 중반에 이르렀다. 그리고 이제야 비로소 살아간다는 것이 무엇인지 어렴풋하게나마 그려지는 마음의 눈을 얻게 되었다.

내 고향에는 한탄강이 흐른다. 협곡 지형으로 유명한 이 강은 오랜 침식 작용으로 만들어졌고, 강물은 암석을 파고들며 바닥을 깎아 흐르는 동안 양옆으로 수려한 절벽을 빚어냈다. 곳곳에는 전설을 품은 직탕폭포와 고석정이 이어져, 강을 따라 걷는 이의 마음과 시선을 붙든다.

강물은 흐르며 바위와 싸우지 않는다. 바위를 뚫으려 들지도, 맞서 부서뜨리려 하지도 않는다. 그저 자신이 가야 할 방향을 향해 묵묵히 흐를 뿐이다. 꿈쩍도 하지 않는 바위의 굳셈에 부딪혀도, 스스로 상처 입었다고 하소연하지 않고 바위를 원망하지도 않는다. 그러나 그렇게 흘러가는 시간의 무게 속에서 바위는 서서히 깎이고, 거대한 돌덩이는 마침내 모래알로 변해간다. 강물은 제 길을 갔을 뿐이지만, 결국 많은 것을 바꾸어놓는다.

나는 젊은 시절 그 강물의 지혜를 알지 못했다. 그래서 한 달 된 아이를 홀로 재워두고 우유 배달을 나서며 눈앞의 현실을 받아들이지 못했고, 압구정의 화려한 거리에서 명품 차림의 사람들 사이로 주스 리어카를 끌며 시들어가는 내 청춘이 그대로 끝나버릴까 봐 조바심을 냈다. 흘러가는 강물처럼 바위를 휘감아 도는 유연함이 내게는 부족했다. 수직으로 떨어지는 듯한 절망의 순간들 속에서, 나는 폭포가 결국 강으로 이어진다는 사실을 헤아리지 못했다. 세상이 내게 건네는 인생의 고비들이 나를 깎아내고 다듬어가는 과정임을 깨닫지 못한 채 뾰족한 마음에 날을 세웠다.

직선으로 흐르는 강이 어디 있으랴. 강물은 굴곡진 계곡과 산자락을 수도 없이 돌아 나가며 비로소 바다에 도달한다. 그 흐름을 바라보며 이제야 인생이 무엇인지 조금은 알 것 같다. 인생이 곧게만 내달린다면 무슨 볼거리가 있었을까. 굽이치는 모퉁이를 돌며 멍든 가슴이 있었기에 우리는 비로소 낮아짐을 배우게 된다. 넘어지고 뒤집히며, 수직의 절벽에서 천 길 아래 낭떠러지로 쏟아져 내리는 아득한 절망의 폭포를 지나고 나서야, 나는 더 단단해진 나 자신을 발견했다. 그리고 그제야 진정한 감사와 겸손이 무엇인지 배울 수 있었다.

인생의 길은 예측할 수 없이 변화무쌍하기에, 지금 당장 눈앞으로 밀려오는 파도 앞에서 절망하지 말라는 그 한마디를 전하고 싶어 여기까지 긴 이야기를 풀어놓았다. 나만의 인생을 살기 위해 무엇을 해야 할지 판단이 두렵고 앞이 보이지 않을 때, 남들에게는 차마 말하지 못할 괴로움과 슬픔이 가슴 가득 차오르는 순간 곁에 아무도 없는 것처럼 외로움이 사무칠 때가 있다면 기억하길⋯. 바로 그 시간이 인생을, 그리고 삶을 더 풍요롭게 가꾸어가는 시간임을. 그 순간이 있기에 그대는 인생이라는 강물 위에 단단하고도 아름다운 보석 한 알을 새겨 넣을 수 있다. 그 사실만은 부디 잊지 않기를 바란다.

우리가 마주한 고난의 시간을 헛되이 흘려보내지 않기 위해서, 세상의 편견 앞에 당당히 서서 마침내 자신의 이름을 되찾고 싶다면, 이제 무엇이 되었든 한 걸음을 내디뎌야 한다. 실패하고 넘어져 다시 절망의 늪에 빠진다 해도 두려워할 필요는 없다. 원망 또한 내려놓아야 한다. 중요한 것은 넘어짐이 아니라, 다시 일어서는 일이다.

바위에 부딪히는 아픔을 견디며 협곡을 굽이쳐 흐르는 강물은 그 안에 수많은 생명을 품는다. 반면, 바위가 거대하다는 이유로, 깎여나갈 고통이 두렵다는 이유로 움직이기를 멈춘 고인 물은 결국 썩어 냄새를 풍기고, 아무것도 살지 않는 죽은 강이 되고 만다.

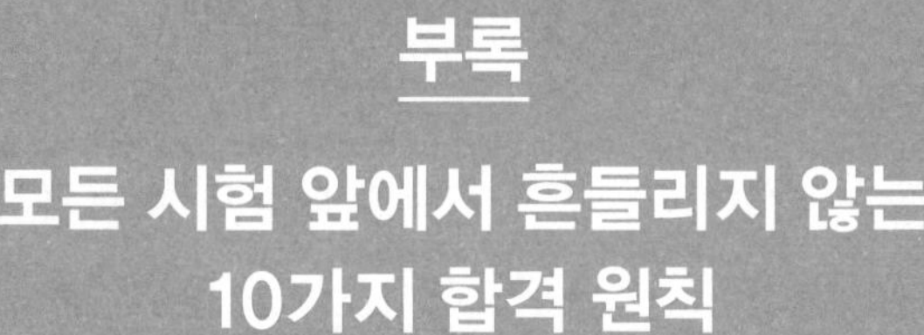

부록

모든 시험 앞에서 흔들리지 않는
10가지 합격 원칙

나에게 가장 잘 맞는 장소를 선택하자

사람의 생김새가 서로 다르듯, 성격과 취향 또한 제각각이다. 그러니 공부하는 방법과 스타일 역시 천차만별일 수밖에 없다. 요즘에는 커피숍에서 편안하게 공부에 몰두하는 청년들의 모습도 흔히 볼 수 있다. 나 역시 약속 장소에 일찍 도착하면 근처 커피숍을 찾아 한두 시간 책을 읽으며 시간을 보내곤 한다. 최근에는 스터디카페 또한 공부하기에 꽤 괜찮은 공간으로 자리 잡았다.

카페, 도서관, 집, 독서실, 고시원 등 공부할 수 있는 장소는 다양하다. 그렇다면 과연 어디에서 공부하는 것이 가장 효율적일까? 이 질문에 정답은 없다. 각자의 형편과 성향을 유심히 살펴보고, 직접 경험해보며 자신에게 가장 잘 맞는 장소를 찾아야 한다. 나는 공부할 장소를 선택하는 일 자체가 공부의 성패를 가르는 중요한 요소라고 생각한다.

공부하는 곳을 떠올릴 때 가장 먼저 생각나는 공간은 단연 도서관이다. 나 역시 도서관을 무척 좋아한다. 소방기사 자격증을 취득한 뒤 직장을 다니면서도, 퇴근길에 들를 수 있는 도서관이 있으면 자연스레 발길이 향했다. 도서관의 가장 큰 장점은 공부에 최적화된 물리적 환경과 방대한 자료다. 햇살이 드는 창가에 앉아 책을 펼쳐 공부하는 풍경은 상상만으로도 마음이 넉넉해진다. 무엇보다 수많은 장서 덕분에 궁금한 내용을 바로 찾아 확인할 수 있다는 점이 큰 매력이다.

그러나 공공의 공간인 만큼 불편함도 감수해야 했다. 내가 자주 다니던 도서관에는 동네 연로하신 할머니들이 단체로 마실을 오셔서 복도 휴게공간을 차지하고 간식을 드시며 종일 이야기를 나누곤 했는데, 그 소리가 여간 시끄러운 게 아니었다. 잠깐 커피 한잔을 마시러 나가고 싶어도 마땅한 공간이 없었고, 도서관 측에 의견을 전해도 별다른 해결책을 찾을 길이 없었다.

한편, 공공도서관이 문을 닫는 날에는 독서실을 찾아가기도 했다. 하지만 독서실은 내 체질과는 도무지 맞지 않았다. 어둡고 밀폐된 공간에서 숨소리조차 조심해야 하는 분위기 속에서, 이번에는 내가 오히려 어린 학생들에게 폐를 끼치고 있다는 느낌이 들었다. 칸막이로 나뉜 좁은 공간에서 가슴이 답답해져서 한 시간도 버티기 힘들었고, 공부에 집중하기보다는 환경에 압도당하고 있다는 감각이 더 강했다.

그럼에도 공공도서관은 당시의 나에게 그나마 가장 괜찮은 선택지였다. 그러나 소방기술사 시험에서 두 차례나 고배를 마시고 나자, 이대로는 안 되겠다는 생각이 들었다. 도서관은 정기 휴관일로 일주일에 한 번은 이용할 수 없었고, 평일에는 밤 8시, 주말에는 6시면 문을 닫았다. 공부가 버거워질 때면 잠시 쉰다는 핑계로 다른 책을 꺼내 들고 그 속에 빠져들어, 하루 종일 수험 서적은 한 장도 들춰보지 않은 채 돌아오는 날도 적지 않았다. 백색소음이라지만 기침 소리, 책장 넘기는 소리, 전화기 소리, 의자를 끄는 쇳소리까지…. 여럿이 함께 쓰는 공간에서는 어쩔 수 없이 집중력이 흐트러지는 순간들이 생겨났다.

그 무렵 나는 점점 방해받지 않는, 오롯이 나만의 공간이 절실히 필요하다는 사실을 깨닫게 되었다. 두 번째 불합격을 확인하던 날, 문득 번개처럼 교회가 떠올랐다. 다른 사람들은 절에 가서도 공부하는데, 교회에서 공부하지 못할 이유가 어디 있을까 싶었다.

교회에서 공부를 시작하자 그곳은 놀라울 만큼 고요했다. 아무도 없었다. 오로지 나 혼자였다. 아침 일찍 나와 밤 열두 시가 넘도록 공부해도 숨소리 하나 간섭하는 사람이 없었다. 지치면 잠시 나가 산책을 하고, 차를 마시고, 식사를 한 뒤 다시 책상 앞에 앉았다. 무엇보다 시험과 무관한 책이 아예 없다는 점이 큰 도움이 되었다. 한눈팔 여지가 사라지자, 독하게 마음을 붙들고 공부를 이어가는 데 힘이 실렸다.

게다가 무엇보다 중요한 것은, 그 공간에서는 기도하지 않을 수 없었다는 사실이다. 공부가 벅차고 불안이 몰려오면, 저절로 기도가 흘러나왔다. 이 공부가 과연 가능한 것인지, 내가 가고 있는 길이 맞는지 마음이 흔들릴 때마다 기도했고, 다시 책을 펼쳤다. 책상 가득 쌓인 수험서와 자료들 속에서 내가 할 수 있는 일은 오직 공부와 기도뿐이었다. 그 결과는 놀랍게도, 한 달 남짓한 집중 끝에 합격이라는 결실로 돌아왔다.

신약성경 마태복음에는 이런 말씀이 있다.

"구하라. 그러면 너희에게 주실 것이요, 찾으라. 그러면 찾을 것이요, 문을 두드리라. 그러면 너희에게 열릴 것이니."

이 말씀을 하나님께 무언가를 떼쓰듯 요구하라는 의미로

옮기고 싶지는 않다. 다만 나는 간절함을 품고 공부에 전념했고, 그 간절함을 온전히 아뢸 수 있는 대상이 하나님 한 분뿐이었기에 기도하며 공부할 수밖에 없었다. 그 시기, 나에게는 다른 선택지가 없었다. 그리고 그 시간을 지나며 나는 깨닫게 되었다. 공부는 장소도 중요하지만, 결국 태도와 간절함이 완성한다는 사실을.

공부의 기본은 다독이다

사람들은 흔히 묻는다. 자격증 시험에 빨리 합격하는 지름길이 무엇이냐고. 하지만 나는 솔직하게 말한다. 합격의 지름길은 잘 모르겠다고. 다만 합격의 비결이 무엇이냐고 묻는다면, 주저 없이 '다독'이라고 답하고 싶다.

옛 성현의 말 가운데 '독서백편의자현(讀書百遍意自見)'이라는 말이 있다. 책을 백 번 읽으면 뜻이 저절로 드러난다는 의미다. 지금으로부터 약 1,800년 전, 후한 말기에도 사람들은 이미 다독이 공부에 얼마나 중요한 요소인지 깨닫고 있었던 것이다. 다시 말해, 다독이라는 공부법은 근 2,000년 동안 검증되어온 가장 확실한 방법 중 하나라 할 수 있다.

어떤 종류의 책이든, 백 번 읽고 또 읽다 보면 반드시 스스로 깨닫는 순간이 찾아온다. 처음에는 그저 글자의 나열에 불과했던 문장들이, 어느 순간 마음을 건드리며 의미로 다가오는 경험을 하게 된다.

내가 도전했던 기술사 시험 역시 결코 만만한 시험이 아니었다. 그래서 공부의 기본자세 가운데 가장 필요한 덕목은 단연 끈기라고 생각한다. 아무리 읽기 쉬운 책이라 하더라도, 한 번 읽는 것과 두 번, 세 번 반복해 읽는 것은 전혀 다르다. 분명 같은 글자들인데, 읽을 때마다 마음에 남는 울림과 감동이 달라진다. 하물며 고난도의 수험서라면 더 말할 필요가 있을까.

나는 합격자의 암기장이 닳고 닳아 손때가 묻어 새까맣게 변해버린 모습을 본 적이 있다. 그 암기장을 보는 순간, 가슴이 먹먹해졌다. 얼마나 간절한 마음으로 공부했을까. 아마도 그 암기장의 주인은 수십 번이 아니라, 최소한 수백 번은 그 페이지를 넘기며 기술사의 꿈을 되뇌었을 것이다.

나는 기사 시험은 최소 10회독이면 합격 가능성이 열린다고 생각한다. 어떤 종류의 기사 시험이든 기본서와 기출문제를 10회독 이상 반복해 공부하다 보면, 60점 이상의 합격권에는 충분히 진입할 수 있다. 자격을 가지고 싶어 하는 사람들에게 "기사 기출문제 10번 이상 보세요"라고 말하면, 대개 얼굴부터 달라진다.

"그렇게 많이요?" 그 반응을 들을 때마다 내 귀에는 이렇게 들린다. '내 간절함의 크기는 아직 10회독을 넘을 만큼은 아니에요'라고. 하지만 그 말을 그대로 믿고 실천한 사람들 중 상당수는 결국 합격한다. 그리고 어느 날 이렇게 말해온다.

"진짜 10번 넘게 읽고 공부했더니 기사 자격증을 땄어요."

그 기쁨 섞인 인사를 받을 때마다, 다독의 힘을 다시 한번 확인한다. 그렇다면 10회독은 어떻게 읽어야 할까?

먼저 필요한 것은 '거칠게 읽기'다. 시작부터 완벽하게 이해하겠다고 의욕을 앞세우면, 대부분 금세 지쳐 포기한다. 처음 1~2회독은 구경하듯이 제목과 그림, 구성만 훑어도 충분하다. 그다음부터 서서히 강도를 높여가는 방식이 좋다. 개인차는 있겠지만, 나에게는 이 방법이 가장 효과적이었다.

이해되지 않는 부분은 과감히 넘겨라. 용어나 제목 정도만 짚고 지나가도 괜찮다. 한 문장에 매달려 허우적대다 보면, 그 지점은 공부가 아니라 포기의 핑계가 되기 쉽다. 회독 수가 쌓일수록 내용은 점점 또렷해지고, 머릿속에 자연스러운 잔상이 남기 시작한다. 그렇게 10회독 이상 공부했는데도 여전히 감이 오지 않는 부분이 있다면, 한두 번 더 집중해서 보고 그래도 모르겠다면 과감히 내려놓고 시험에 응하라. 시험은 만점자를 가리는 자리가 아니다. 60점이면 충분하다. 그러니 선택과 집중의 지혜가 반드시 필요하다.

하지만 기술사 시험은 이야기가 다르다. 10회독으로 합격하는 사람은 거의 없다. 적어도 100번 이상 읽고 또 읽는 끈기가 있어야 버틸 수 있다. 기술사를 준비하는 사람은 '끈기'라는 명약을 지구에 없으면 달나라든 화성이든 가서라도 구해 오겠다는 각오로 출발선에 서야 한다.

"100번이나 읽으라고요?" 하며 뒷걸음부터 치는 사람도 많다. 하지만 공부도 습관이다. 처음이 어려울 뿐, 익숙해지면 하루에 수백 페이지를 속독하는 것도 가능해진다. 그쯤 되면 주변에서 이런 말이 들리기 시작한다.

"저 사람, 곧 합격하겠네."

그리고 머지않아, 정말로 합격자 명단에 이름을 올리게 된다.

3

강의와 교재에는 돈을 아끼지 말자

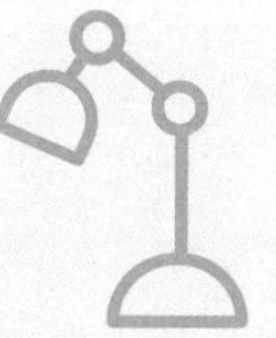

무엇을 공부하든, 공부의 과정에는 필연적으로 돈이 든다. 학원을 다녀야 할 수도 있고, 교재도 사야 한다. 그뿐인가. 먹는 데도 돈이 들고, 공부할 장소를 확보하는 데에도 비용이 필요하다. 특히 자격증 시험을 준비하다 보면 교재 구입비만 해도 만만치 않다. 주 교재에 참고서, 메모장과 연습장, 그리고 장시간 글씨를 써야 하는 시험이라면 손에 익은 볼펜까지. 사소해 보이는 것들이 모이면 결코 가볍지 않은 지출이 된다. 집안 형편이 넉넉해 돈 걱정 없이 공부할 수 있다면 모르겠지만, 여유가 없는 살림이라면 공부에 들어가는 비용이 부담스럽지 않다고 말하기는 어렵다. 나 역시 그랬다.

하지만 여기서 한 가지 짚고 넘어가야 할 점이 있다. '돈이 든다'는 관점에서만 공부를 바라보는 오류를 범해서는 안 된다는 것이다. 공부를 시작한 이유, 특히 자격증 공부의 목적을 다시 떠올려볼 필요가 있다. 자격증 시험은 합격 그 자체보다, 합격 이후 얻게 될 기회와 금전적 보상을 함께 고려하지 않을 수 없기 때문이다.

그래서 나는 이렇게 말하고 싶다. 자격증을 준비하는 사람의 목표는 단순히 '합격'이 아니라, '빨리 합격'하는 데 있어야 한다고. 2년에 걸쳐 합격할 공부를, 더 많은 책을 읽고 필요한 수업을 선별해 집중적으로 투자해 1년 만에 끝낸다면, 과연 어느 쪽이 더 유익한 선택일까. 시간과 비용, 그리고 그 이후의 삶까지 생각해본다면 답은 분명하다.

공부에 들어가는 돈을 아까워하기 전에, 그 강의나 교재가 나에게 얼마의 시간을 벌어주고, 얼마나 빠르게 다음 단계로 나아가게 하는지를 먼저 계산해보아야 한다. 그 순간, 공부에 쓰는 돈은 '지출'이 아니라 '투자'로 보이기 시작할 것이다.

나는 공부할 때 돈을 아끼지 않는다. 특히 교재나 공부에 필요한 서적만큼은 단 한 페이지, 아니 단 한 줄이라도 필요하다고 느껴지면 반드시 구입한다. 바로 그 한 줄이 합격과 불합격을 가르는 결정적 역할을 할 수 있기 때문이다.

학원을 선택할 때도 마찬가지다. 주된 학원을 한 곳 정하되, 또 다른 인강을 찾아 비교하며 듣는다. 기술사 시험은 범위가 방대하고 전문성이 높은 시험이어서, 강사마다 내용을 해석하는 맥락과 중요하게 짚는 지점이 서로 다르다. 나는 그 차이를 놓치지 않기 위해 공부의 그물망을 최대한 촘촘히 짠다. 다만 처음부터 교재를 잔뜩 쌓아두고 시작하라는 뜻은 아니다. 처음에는 중심이 되는 교재 한 권을 정해 집중하고, 실력이 어느 정도 궤도에 올랐다고 느껴질 때부터 다양한 정보를 선별하며 이른바 '촉'을 발휘하는 것이다.

교재를 고를 때도 기준이 분명하다. 나는 요약본이나 암기장 형태의 책보다는, 장수가 많더라도 설명이 충분하고 내용이 풍부한 교재를 선호한다. 읽어나가기 힘들고 지루할 수는 있지만, 그런 책을 반복해 읽고 이해하는 과정에서 문제를 단순 암기가 아닌 이해와 구조로 바라보는 힘이 길러진다. 그 힘은 시험장에서 응용력을 발휘하게 하고, 결국 더 깊고 풍성한 답안으로 이어진다.

기술사 시험 준비 막바지에 이런 경험도 있었다. 유명 강사는 아니었지만 맛보기 수업으로 인강을 들었는데 그 강의 중 딱 한 시간 유독 눈에 들어오는 수업이 있었다. 다른 강사에게서도, 다른 교재에서도 본 적 없는 내용이었다. 자격시험 교재치고는 가격도 만만치 않아 잠시 망설였지만, 결국 눈 딱 감고 책을 주문했다. 그리고 그 책을 전부 읽지도 않았다. 오직 그 한 페이지만을 정리해 나만의 무기로 준비해두었다. 순전히 나만의 촉이었다.

결과는 어땠을까. 기술사 시험에서 그 내용이 그대로 출제된 것은 아니었지만, 명백히 연결되는 문제가 나왔고 나는 신들린 사람처럼 답안을 써내려갔다. 결과는 합격이었다. 결국 한 권의 책, 아니 단 한 페이지가 당락을 갈랐다고 해도 과언이 아니었다.

이왕 공부하기로 작심했다면, 자신의 수준에 맞는 책을 고르고 가능한 한 충분히 갖춰라. 자격시험은 전쟁터와 같다. 병사가 전쟁에 나가며 빈손으로 나가지 않듯, 자신을 위한 무기를 준비하고 갈고닦는 일은 전적으로 그대의 몫이다. 그리고 그 무기는, 다름 아닌 당신의 손에 쥐어진 그 책 속에 숨어 있다.

4

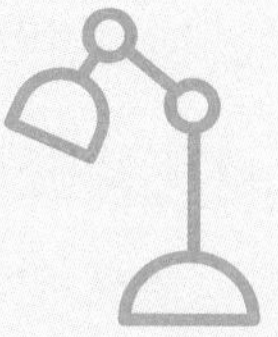

나의 공부 방법의 핵심은 앞서 말했듯이 최소 10회독 이상의 통독, 그리고 그 이후의 무한 반복 학습이다. 기술 서적처럼 전문적인 내용을 공부하는 데 과연 다독이 의미가 있을까 하는 의문이 들 수도 있다. 하지만 반복이 가져다주는 학습 효과는 생각보다 훨씬 크다.

첫째, 기억의 정착이다.

한두 번 읽어 습득한 정보는 머릿속에 오래 머물지 못하고 쉽게 사라진다. 그러나 반복 학습을 통해 공부한 내용은 점차 선명하고 정확한 기억으로 저장된다. 반복해서 읽는 동안 뇌가 학습할 내용에 서서히 적응하며, 개념들이 자연스럽게 스며든다. 가랑비에 옷 젖는 줄 모른다는 말처럼, 처음에는 낯설기만 했던 용어들이 어느새 익숙해지고 개념들이 하나씩 정리되어 간다.

둘째, 암기 부담이 획기적으로 줄어든다는 점이다.

반복된 학습과 경험은 뇌 속에 새로운 신경 회로를 만들고, 그 경로를 점점 더 단단하게 한다. 그렇게 저장된 정보가 늘어날수록 억지로 외워야 할 내용은 상대적으로 줄어든다. 나중에는 제목만 훑어봐도 전체 흐름이 떠오르고, 빠른 속도로 내용을 파악하는 학습이 가능해진다.

셋째, 공부의 깊이와 폭이 동시에 확장된다는 것이다.

반복해서 책을 읽다 보면 처음에는 저자의 의도가 전혀 이해되지 않던 문장들이 어느 순간 또렷하게 다가온다. 그리고 그 개념이 다른 정보들과 유기적으로 연결되어 있음을 체감하는 순간이 찾아온다. 나는 이 지점을 무엇보다 중요하게 여긴다. 기술사 시험에서 문제를 읽고, 연관된 정보를 빠르게 끌어와 구조화하고, 정확한 위치에 저장된 지식을 응용해 답안을 구성하는 능력은 바로 이 단계에 이르렀을 때 가능해진다.

예를 들어 유체역학의 기본 원리인 '베르누이의 정리'를 생각해보자. 처음에는 이름부터 낯설고, 이어지는 복잡한 공식 앞에서 '나는 수학이나 물리를 못하는데…'라는 두려움이 밀려온다. 이때가 가장 큰 고비다. 하지만 이 고비만 넘기면 길이 열린다. 공식을 외우려 애쓰기보다, 먼저 공식을 설명하는 글을 읽어보자.

반복해서 읽다 보면 핵심은 의외로 단순하다는 것을 깨닫게 된다. 일정한 흐름을 가진 유체 시스템에서는 전체 에너지가 항상 동일하다는 것이다. 넓은 관을 지나는 물은 유속이 느려지고, 좁은 관을 지나는 물은 유속이 빨라진다. 아이들과 물장난을 하거나 화초에 물을 줄 때, 고무호스 끝을 손으로 좁히면 물이 더 멀리 뿜어져 나가는 경험을 누구나 해봤을 것이다. 이는 관경을 좁힘으로써 유속이 증가했기 때문이다.

즉, 관이 넓은 곳에서는 위치에너지가 증가하고 운동에너지는 작아지며, 관이 좁은 곳에서는 위치에너지가 줄어드는 대신 운동에너지가 커진다. 그러나 이 두 에너지의 총합은 항상 같다. 이것이 바로 베르누이의 정리다. 이 원리를 이해하면 에너지 보존의 법칙, 연속방정식은 물론 비행기가 하늘로 날아오르는 양력의 개념까지 자연스럽게 연결된다. 하나의 이론을 이해했을 뿐인데, 공부가 깊어질수록 관련 개념들이 줄줄이 이어지며 응용력이 생기는 것이다.

이처럼 어떤 내용이든 하나의 개념을 제대로 이해하고

나면, 이후에 남는 것은 공식과 간단한 도식, 그림 정도다. 이미 이해한 공식은 무작정 외우는 것보다 훨씬 오래 기억에 남는다. 이를 간단한 그림으로 정리해 수시로 반복하다 보면, 처음에는 며칠 혹은 몇 시간이 걸리던 학습이 나중에는 채 1분도 안 되는 시간으로 압축된다. 그렇게 축적된 반복은 시험장에서 망설이지 않는 답안 작성으로 이어진다.

5

외워지지 않을 때는 집을 공부로 채우자

아무리 이해 위주의 공부를 한다고 해도, 끝내 잘 외워지지 않는 부분이 반드시 생기기 마련이다. 특히 나는 암기력이 썩 좋은 편이 아니라서, 무작정 외워야 하는 내용은 머릿속에서 튕겨 나가는 듯한 느낌을 받을 때가 많았다. 어떤 날은 하루 종일 열심히 공부하고 집에 돌아왔는데, 막상 무엇을 공부했는지 하나도 떠오르지 않는 날도 있었다. 특히 수치나 단순 용어, 건축법이나 화재안전기준처럼 조문 위주의 내용들이 그러했다.

그런 나에게 의외로 재미있고 효과적이었던 방법이 하나 있다. 바로 발코니 거실 유리창에 수성 매직으로 공부하는 방법이었다. 그날 공부한 내용 중에서 어렵거나 중요하다고 느껴지는 부분을 다시 꺼내 유리창에 그림을 그리고 글로 적어보는 것이다. 책상 앞에 쪼그리고 앉아 흰 종이에 쓰는 것보다 훨씬 재미있고, 신기하게도 기억에 더 오래 남았다.

아이들이 "엄마, 뭐 해?" 하고 물으면, 그 그림을 가리키며 설명해주기도 했다. 그 과정이 또 하나의 복습이 되었고, 말로 풀어 설명하다 보니 이해가 더 깊어졌다. 잘 외워지지 않던 건축법 속 방화 구획이나 피난·방화 관련 규정들도 그림으로 옮기니 입체적으로 느껴져 훨씬 수월하게 다가왔다. 소방시설 계통도나 설비의 작동 원리 역시 유리창 그림 공부법 덕을 톡톡히 보았다.

또 하나의 방법은 집 안 곳곳을 공부 공간으로 만드는 것이었다. 주방 싱크대 옆, 화장실 벽, 거실 한편, 안방 머리맡처럼 자주 눈에 띄는 곳에 그날 공부했지만 잘 외워지지 않는 내용을 A4용지에 적어 붙여두었다. 잠들기 전 한 번이라도 더 보고 싶은 마음, 불안을 잠재우기 위한 나만의 의식 같은 것이기도 했다.

화재안전기준은 외워도 외워도 끝이 없는 내용들이라, 어떻게든 머릿속에 잔상을 오래 남겨두고 싶었다. 그래서 수백 페이지에 달하는 내용을 낱장으로 찢어 도배하듯 붙여놓기도 했다. 암기 효과를 떠나서, 그렇게라도 해야 마음이 조금은 편해졌기 때문이다.

　공부란 결국, 자신에게 맞는 방법을 끝까지 찾아가는 과정이다. 책상머리에 앉아 읽고 쓰는 방법만이 공부가 아니다. 때로는 유리창에 낙서하듯 그려본 한 장의 그림이, 책 속 수십 줄의 문장보다 오래 남기도 한다.

6

응용력은 호기심에서 시작된다

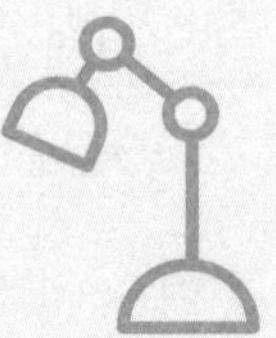

호기심은 사물의 근원과 이치에 대한 질문을 낳고, 그 질문은 다시 탐구와 행동으로 이어진다. 나는 어려서부터 호기심이 많은 아이였고, 지금도 크게 달라지지 않았다. 등산이나 산책을 할 때도 늘 다니던 익숙한 길보다는 새로운 코스나 다른 산책로를 찾아 나서는 편이다. 소설을 읽을 때조차 번역본이라면 한 번 읽은 것으로 만족하지 않고, 여러 번역가의 문장을 비교해 읽는다.

이런 성향은 자격증 공부에서도 그대로 드러났다. 관련 서적을 가급적 많이 읽고, 같은 내용을 다른 시선으로 풀어낸 책들을 찾아 공부했다. 결과적으로 똑같은 기술 서적이라해도 표현 방식과 강조점의 차이가 오히려 이해를 깊게 해주었다. 호기심을 따라 찾아본 자료와 정보들을 스스로 정리하고 체계화하는 과정에서 이해의 폭은 넓어졌고, 문제를 다양한 각도에서 바라볼 수 있는 내공도 자연스레 쌓이게 되었다고 생각한다.

기술사 시험은 100분씩 네 교시로 치러지는 주관식 시험이다. 1교시에는 총 13문제가 주어지고, 그중 10문제를 선택해 답안을 작성해야 한다. 주로 해당 종목의 공학적 기본 이론과 원리에 관한 질문이 출제되며, 한 문제당 약 10분의 시간을 염두에 두고 답안을 구성해야 한다. 1교시는 지금까지 공부해온 기본 이론을 얼마나 압축해 표현할 수 있는지를 묻는 시간이다. 실력이 충분히 받쳐주지 않으면 10문제를 모두 쓰지 못하는 경우도 흔하다. 1교시에서 답안을 다 채우지 못하면 합격 가능성은 극히 낮다고 봐도 무방하다. 그만큼 1교시는 기술사의 내공이 그대로 드러나는 관문이다.

2교시부터 4교시까지는 각 교시마다 6문제가 주어지고, 그중 4문제를 선택해 푸는 방식이다. 문제당 배정 시간은 약 25분이다. 자신 있는 문제가 나왔다고 지나치게 집중하다 보면 시간 배분에 실패해 다른 문제를 손도 대지 못하는 실수를 저지르기 쉽다. 어느 교시든 선택한 문항 수를 모두 채워야 합격 가능성이 올라간다.

2교시 이후의 문제들은 기본 이론에 더해 실무 경험, 현실에서 드러나는 문제점, 그리고 개선 방향까지 함께 묻는다. 단단한 이론적 토대 위에 풍부한 현장 경험을 결합해 답안을 구성해야 한다. 답안 작성에 정해진 정답 형식은 없다. 서론-본론-결론 구조를 택하든, 기-승-전-결 방식으로 풀어가든 자신에게 가장 익숙하고 안정적인 틀을 선택하면 된다.

다만 문장을 길게 늘어놓는 서술식 답안보다는, 공부하며 정리해온 그림, 도표, 그래프, 순서도, 비교표 등을 적극 활용해 자신이 알고 있는 바를 명확하게 보여주는 것이 훨씬 효과적이다. 마지막 결론이나 개선 방안 제시 부분에서 자신의 통찰을 간결한 문장으로 정리해 마무리하면, 답안의 완성도가 한층 높아진다. 무엇보다 답안지가 깔끔해져 채점자가 내용을 빠르게 파악할 수 있다는 장점이 있다.

누군가 내게 기술사 답안에서 가장 중요한 요소가 무엇이냐고 묻는다면, 나는 이렇게 답한다.

첫째는 형식, 둘째는 내용, 셋째는 실무 경험이다.

형식이 정돈되어야 내용이 살아나고, 그 내용은 실무 경험을 바탕으로 탄탄해지고 설득력을 얻는다. 이 세 가지가 균형을 이룰 때, 비로소 기술사답게 보이는 답안이 완성된다.

내가 합격했던 시험 과정을 돌아보면 1, 2, 3교시는 비교적 무난했으나 문제는 마지막 4교시였다.

시험지를 받아든 순간, 상황이 심상치 않다는 걸 직감했다. 알고 있는 문제는 두 개뿐이었다. 나머지 문제들 중 두 개가 용어는 익숙했지만 실제로 깊이 다뤄본 적이 없는 내용이었고, 남은 두 문제는 도저히 손을 댈 엄두조차 나지 않았다. 머릿속이 하얘졌다.

'여기서 무너지는 건가.'

앞선 교시들이 너무 아깝다는 생각이 스처 지나갔다. 짧은 순간 수많은 감정이 밀려왔다. 그러나 멈출 수는 없었다. 우선 확실히 아는 두 문제부터 답안을 작성했다. 그리고 펜을 내려놓고 잠시 눈을 감았다.

'나머지 두 문제를 어떻게 풀 것인가.'

분명 어딘가에 실마리가 있을 터였다. 눈을 감고, 그동안 수없이 회독했던 책들을 떠올렸다. 머릿속에서 수백 장의 페이지가 빠른 속도로 넘어갔다. 마치 은행의 지폐 계수기처럼 차르르르… 페이지들이 흘러가던 그 순간, 펄스 신호처럼 무언가가 번쩍 튀어 올랐다.

'아… 맞다. 이거였구나.'

그 신호를 붙잡고 머릿속 내용을 빠르게 스캔했다. 매일

지겹도록 보고 또 보았던 장면이 선명하게 떠올랐다. 나는 그 페이지에서 공부했던 내용을 문제에 응용해 도표와 그림, 플로우차트를 활용한 답안을 구성하기 시작했다. 남은 두 문제를 손목이 시큰대고 손가락이 부러질 듯한 기세로 써내려갔다. 그리고 마침내, 4교시 마지막 종소리가 울렸다. 시험장을 나서니 도시는 저무는 노을 속에 젖어들고 있었다.

누군가 내게 기술사 시험의 합격 비결이 무엇이냐고 묻는다면, 나는 주저 없이 '응용력'이라고 말할 것이다. 낯설고 처음 보는 문제라 할지라도, 단 하나의 핵심 키워드만 포착할 수 있다면 풀 수 있다. 그동안 공부해온 내용을 토대로 도표와 그래프를 구성해 답안을 만들어내는 힘, 그리고 그 답안으로 채점자를 설득할 수 있는 내공이 필요하다.

나는 시험장에 들어설 때마다 '최종병기 활' 하나는 반드시 챙겨 갔다. 도저히 써야 할 말이 떠오르지 않을 때를 대비한, 나만의 긴급 처방용 비밀병기였다. 그게 무엇이냐고 묻는다면 이렇게 말하고 싶다.

'그것은 따로 준비하는 숨겨놓은 기술이 아니다. 호기심을 따라 온갖 자료를 탐색하고 온 마음을 기울여 전력을 다해 공부한 사람이라면 누구나 자연스럽게 장착하게 되는 힘. 바로 그 자체가 가장 강력한 비밀병기다.'

7

차례를 읽을 줄 알면 길이 보인다

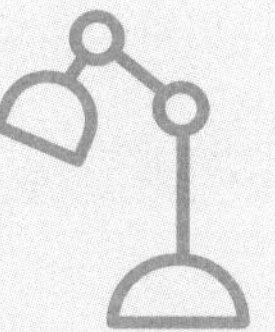

하루 종일 공부를 하고 집으로 돌아왔는데, 머릿속이 텅 빈 것처럼 느껴지는 순간이 있다. 무엇을 공부했는지 아무것도 떠오르지 않는 답답함에 마음까지 눌리는 시간이다. 그럴 때 내가 택한 방법은 의외로 단순했다. 교재 맨 앞에 있는 단원 제목과 소제목을 처음부터 끝까지 천천히 훑어보는 것이다.

모든 수험서의 구성은 우연이 아니다. 기본 개념을 앞에 두고, 그 위에 내용을 차곡차곡 확장해 나가도록 짜여 있다. 그래서 오늘 공부한 부분을 중심으로 앞뒤 단원의 제목을 따라가다 보면, 공부할 때는 보이지 않던 전체의 윤곽이 서서히 드러난다. 처음에는 이해되지 않던 배열이 반복을 거치며 의미를 갖기 시작하고, 맨 앞에서 배운 내용이 책의 마지막과 자연스럽게 연결되어 있다는 사실을 깨닫는 날이 반드시 온다.

이 공부법은 책의 목차를 외우라는 뜻이 아니다. 공부한 내용을 키워드로 떠올리며 앞뒤 맥락을 연결해 상상하는 과정이다. 처음에는 목차를 보며 스캔하듯 떠올려야 하지만, 점차 책을 보지 않고도 흐름이 그려져야 한다. 기억이 나지 않더라도 혼자 힘으로 떠올려보려 애쓰는 과정이 중요하다. 그래야 자신의 취약점을 발견하고, 잘못 이해한 부분을 바로잡을 수 있다.

이 방법이 익숙해지면 전체를 꿰뚫어보는 힘이 생긴다. 문제가 어떻게 주어지든 자신만의 독창적인 답안을 구성할 수 있게 된다. 더 나아가 책상 앞에 앉아 있지 않아도 공부가 가능해진다. 지하철 안에서, 운전 중에, 운동을 하거나 설거지를 하면서도 머릿속으로 흐름을 되짚을 수 있다.

8

공부의 지속력은 체력에서 나온다

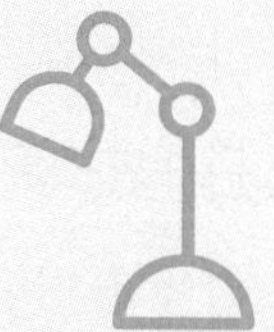

공부하며 받는 스트레스는 결코 일하며 겪는 스트레스보다 가볍지 않다. 체력은 공부를 지속하게 하는 가장 중요한 조건임을 잊지 말아야 한다. 체력이 떨어지면 집중력은 금세 흐려진다. 하루 종일 책상 앞에 앉아 있으면 눈은 뻐근해지고, 구부정한 허리와 쑤시는 어깨가 신호를 보낸다.

포기하고 싶은 마음이 고개를 들고, 합격에 대한 자신감이 흔들릴 때마다 나는 산을 찾았다. 헉헉대며 가쁜 숨을 몰아쉬고 한 발 한 발 내딛다 보면 어느새 정상에 오른다. 그곳에서 깊게 들이마시는 공기 한 모금은 생각보다 큰 힘을 준다. '그래, 이 산도 이렇게 올라왔는데 공부라고 못할 게 뭐가 있겠어.' 그렇게 스스로 다독이며 다시 책상 앞으로 돌아왔다. 산은 늘 말없이 용기를 돌려주는 곳이었다.

　나는 공부하는 동안 가족에 대한 책임이 컸기에 누군가의 돌봄이나 지원을 기대하기 어려웠다. 체력이 바닥날 때 선택할 수 있었던 유일한 방법이 등산이었다. 비용이 들지 않으면서도 효과는 확실했다. 온몸이 쑤시고 기운이 빠질 때 산 한 번 다녀오면, 보약을 먹은 것처럼 몸이 가벼워지고 다시 힘이 솟았다. 그래서 공부가 막히면 도서관 뒷동산이든, 교회 주변이든 무조건 걸었다. 지치고 피곤한 상태로 책상에만 붙어 앉아 있다고 해서 공부가 될 리 없기 때문이다. 어깨를 펴고 하늘을 올려다보며 몸과 마음을 잠시 비우는 것이 오히려 도움이 된다.

　사실 공부를 시작하는 데 거창한 이유가 필요한 것은 아니다. 많은 이들이 결국 가족과 함께 조금 더 나은 삶을 살기 위해 공부를 선택했을 것이다. 건강을 잃으면 모든 것을 잃는다는 말처럼, 몸과 마음이 건강할 때 공부도, 자격증도 비로소 의미를 가진다. 목표를 세우고 공부에 나선 사람이라면, 건강과 체력 관리 역시 가장 중요한 공부의 일부임을 기억해야 한다.

9

넘어져도 다시 일어설 동기를 만들자

잉글랜드의 축구선수 출신 감독 스티븐 데이비스는 이렇게 말했다.

"넘어진 것은 당신의 잘못이 아니다. 그러나 일어서지 않는 것은 당신의 잘못이다."

어떤 종류의 공부를 하든, 공부하는 사람이 가장 자주 맞닥뜨리는 유혹은 단 하나다.

'이쯤에서 집어치울까. 어차피 해봐야 안 될 거야.'

그 말로 자신을 위로하며, 조용히 손을 놓고 싶은 유혹은 공부하는 사람이라면 누구에게나 끈질기도록 공평하게 찾아온다. 기술사 합격자 가운데 단 한 번이라도 포기의 유혹에 흔들리지 않았던 사람이 과연 있을까. 공부할수록 공부할

양이 줄어들기는커녕, 오히려 끝없이 늘어난다. 텅 빈 답안지를 앞에 두고 무엇으로 그 종이를 채워야 할지 막막해지는 심정은 겪어본 사람만이 안다. 쥐어짜듯 어렵게 써내려간 답안, 그러나 발표일에 받아든 점수는 참담하기 이를 데 없다. 그 순간, 포기하고 싶은 마음이 가슴 깊은 곳에서 연기처럼 피어오른다.

나 역시 그랬다. 소방시설관리사 2차 필기시험에서 받아든 점수는 20점 초반대였다. 기가 막혔고, 자괴감과 절망이 한꺼번에 밀려왔다.

'이 나이에 무슨 공부냐. 그냥 되는 대로 살면 되지.'

변명은 쉴 새 없이 내 안에서 고개를 들었다.

그러나 그때 나는 공부의 결과가 아니라, 공부의 태도를 돌아보았다. 그리고 스스로에게 물었다. 정말 후회 없는 공부를 했는가. 답은 아니었다. 결국 나는 다시 한번 결단했다. '그래, 한 번만 더.' 이번에는 핑계도, 미련도 남기지 않겠다고 마음먹었다. 포기하지 않는 공부를 하기 위해서는 반드시 스스로에게 던져야 할 질문이 있다.

'나는 왜 이 공부를 하는가.'

사람마다 공부의 사연은 제각각이다. 대입시험도 아닌, 쉽지 않은 공부를 나이 들어 시작한다는 것은 생각보다 훨씬 고된 일이다. 학생 시절에는 공부할 명분도 있고, 주변의 이해와 배려도 어느 정도는 기대할 수 있다. 그러나 성인이 되어 시작한 공부에는 그런 배경이 거의 없다. 가정에서는 가장으로, 혹은 엄마와 아내로서의 역할이 여전히 무겁게 주어진다. 전적인 지지와 응원을 기대하기란 쉽지 않다.

그런 환경 속에서도 공부를 이어가는 이유는 무엇일까? 나는 공부를 시작하는 사람에게 늘 말한다. 무엇 때문에 공부를 하는지 동기를 분명히 하라고. 그리고 또 하나, 지치고 무너질 때 나를 붙잡아줄 단 한 사람은 반드시 필요하다고. 아무리 이성적이라 자부해도, 인간은 결국 감정의 동물이다. 마음이 흔들릴 때, 시험에 떨어져 자존감이 무너질 때 아무 조건 없이 내 편이 되어줄 사람. 대부분의 경우, 그 자리는 가족이 채운다. 가족의 지지와 응원 속에서 공부하는 사람은 끝내 자신이 세운 목표에 도달할 가능성이 높다.

어릴 적, 돌부리에 걸려 넘어지면 어머니는 늘 이렇게 말씀하셨다.

"우리 정열이, 울지 않고 다시 일어설 수 있지?"

나는 어머니를 올려다보고는 울먹이다가 머리를 끄덕이며 일어섰다.

어른이 되어 다시 공부를 시작했을 때, 어머니는 이미 하늘에 계셨다. 밤늦게 공부를 마치고 돌아오는 길, 어둠 속에서 하늘을 올려다보며 속으로 말했다.

'엄마, 다시 한번 일어설 힘을 주세요.'

그러자 마음속에서 이런 목소리가 들려오는 듯했다.

'우리 정열이, 잘할 수 있지.'

10

모든 공부의 끝에는 나를 믿는 힘이 있다

인생의 나침반이란 무엇일까. 망망대해 한가운데 떠 있는 작은 배가 표류하지 않고 목적지를 향해 파도를 헤치며 나아갈 수 있는 이유는 나침반이 있기 때문이다. 나는 공부도 마찬가지라고 생각한다.

힘들지 않으면 공부가 아니다. 목표를 세우고 앞으로 나아가기 위해서는 내부에 잠재된 에너지를 깨워야 하고, 그 에너지가 고갈되지 않도록 지속적인 추력 또한 필요하다. 그런 과정이 어찌 힘들지 않을 수 있을까. 이 시간을 견디게 하는 힘의 근원은 누군가가 귓속말로 일러주는 조언이 아니다. 자신을 믿는 힘이다. 바로 그 믿음이 '왜 공부해야 하는가'라는 질문 앞에서 방향을 잃지 않게 하고, 거친 파도를 헤치듯 다시 책을 펼치게 하는 나침반이 된다. 나는 공부하다 지칠 때나 잠자리에 들기 전, 눈을 감고 목표한 기술사로서 당당히 서 있는 미래의 나를 수시로 떠올리곤 했다.

공부하다 보면 홍수처럼 넘쳐나는 자료를 마주하게 된다. 자칫하면 그 물살에 휩쓸려 갈팡질팡하다가 자신의 공부 맥락을 놓치기 쉽다. 지금 어디까지 왔는지, 어떤 체질의 공부 방식을 지니고 있는지는 스스로 가장 잘 알고 있어야 한다. 더불어 수많은 자료 속에서 나에게 필요한 것만을 가려내는 눈도 필요하다. 결국 이 혼란 속에서 살아남는 방식 역시 자신에 대한 믿음을 바탕으로 한다. 다만 그 믿음은 가만히 앉아 있다고 저절로 생기지 않는다. 끊임없이 반복하고 실패하는 과정에서 자신을 객관적으로 바라보는 힘이 차곡차곡 쌓인다.

그 방법의 하나가 실제로 시험에 도전하는 것이다. 아무리 학원에서 실전반 수업을 듣고 있다고 해도 그것은 어디까지나 연습일 뿐, 진짜 실전은 아니다. 공부를 막 시작한 사람들 중에는 실력이 쌓인 뒤에 시험을 치르겠다고 말하는 경우가 많은데 나는 단연코 아니라고 대답해주고 싶다. 시험에 응시하는 것 자체가 가장 확실한 공부다. 어떤 내용이 출제되는지, 나의 답안 작성 능력이 어느 수준인지를 직접 겪어보며 현재 자신의 공부가 어디쯤 와 있는지를 깨달을 필요가 있다. 위기 대응 능력과 담력을 기르고, 마지막 종이 울릴 때까지 시험지를 붙들고 앉아 있는 자신에 대한 믿음을 키우기 위해서라도 기회가 있다면 반드시 실전 시험에 응시하길 바란다.

자전거를 처음 배우던 날을 떠올려보자. 외줄타기하듯 비틀대는 자전거에 올라앉자마자 넘어지면서도 포기하지 않는 이유는 무엇일까. 연습하면 결국 자전거를 탈 수 있다는 믿음 때문이다. 뒤에서 잡아주던 손길이 이느 순간 사라진 줄도 모른 채 씽씽 달릴 수 있게 되는 것은 넘어지고 부딪치며 생긴 상처를 견뎌낸 대가다. 넘어진 자전거를 다시 일으켜 세우는 것도, 안장에 올라 페달을 밟는 것도 결국은 나 자신이다.

사람들은 저마다 각자의 목표를 품고 항구를 떠난다. 그러나 처음 품었던 기대와 달리 방황과 갈등은 출발하자마자 찾아오기도 한다. 그때 두려워하지 말자. 내 인생의 항해를 책임지는 선장은 바로 나 자신이다. 눈앞의 시련과 폭풍을 견딘 후 결국 다시 안전한 항구로 돌아올 수 있으리라는 믿음, 자신을 향한 그 믿음이야말로 인생 최고의 나침반이다.

'왜'라는 질문을 가슴에 품고
사는 것은 내 삶의 주인이 되는 일이다.
왜 살아야 하는가, 왜 공부하고,
왜 일하는가. 그 질문에 대한 답을 찾아
거센 물살을 거슬러 오르는 연어처럼
흔들리지 않고 자신의 방향을
선택한 사람에게 나는 기꺼이
박수를 보낸다. 이 대지를 딛고
일어서겠다는 의지를 세운 사람은
넘어져도 다시 일어나 끝내
자신의 길을 완주할 것이다.

오늘도 별은 그 자리에서 빛난다

2024년 2월, 낯선 번호로 전화 한 통이 걸러왔다.

"〈유 퀴즈〉 담당 작가입니다."

순간 말문이 막혔다. 내가 이 프로그램에 출연할 만한 사람인가. 짧은 시간 동안 수많은 생각이 머릿속을 오갔다. 놀람, 당황, 그리고 조심스러운 의문. 그렇게 〈유 퀴즈〉에 출연했고, 그 후 위즈덤하우스 출판사의 선세영 편집자로부터 다시 한번 예상치 못한 전화를 받았다.

인천시청에서 설계 심의가 있던 초여름, 그날 우리는 시청 앞 카페에서 만나 이야기를 나누었다. 처음 만났지만 지하철을 타고 동행하며 돌아가는 길에 떡볶이와 오뎅으로 출출한 배를 채워가며 서로 웃고 소통했다. 나의 이야기를 책으로 내고 싶다는 제안에 방송 출연보다 더 깊은 고민이 뒤

따랐다. 지금까지 살아온 내 삶을, 내 상처와 흔들림을 모두 꺼내 보여야 한다는 부담은 결코 가볍지 않았다. 몇 달의 시간을 고민한 끝에 한 가지 생각에 이르렀다. 만약 이 이야기가 인생길 어디쯤에서 방황하고 흔들리는 누군가에게 작은 위로가 될 수 있다면, 부족하더라도 나누어보자고….

저녁이 깊어 밤하늘에 별들이 하나둘 등불을 켜는 시간, 까만 하늘에 별 하나가 '반짝' 나의 눈과 마주친다. 그 빛은 아마도 몇 십만 광년 전의 반짝임일 것이다. 그 별에도 나와 같은 누군가가 있어 오늘 밤하늘을 바라보고 있다면, 그가 보고 있는 지구의 빛 또한 같은 시간의 빛은 아닐 것이다. 그 광활함 앞에서 인간의 삶은 덧없이 느껴진다. 그러나 다시 생각해보면 이 드넓은 우주의 한 귀퉁이 작은 별 위에 존재하는 한, 개인은 영원부터 지금까지 단 하나뿐인 유일한 존재다. 그러니 울고 웃고, 성내고 기뻐하며 살아가는 이 평범한 하루가 얼마나 귀한가.

불현듯 엄마와 함께 별을 헤아리던 밤이 떠오른다. 어려움 앞에서 주저앉아 세상을 탓하던 날들, 그때 나는 별을 바라보지 못했다. 별은 언제나 그 자리에 있었지만, 내 눈이 절망에 가려져 있었을 뿐이다. 앞으로 얼마나 더 많은 별을 헤아리게 될까. 날마다 그러지는 못하더라도, 유난히 고단한 날만큼은 하늘을 올려다보려 한다. 별을 가리는 것은 내 욕심이지, 별이 나를 떠난 적은 단 한 번도 없었음을 기억하며.

나의 오늘이 있기까지 우리 가족에게 깊은 감사와 사랑을 전한다. 40년이 넘는 세월 동안 평생의 동지인 남편, 언제나 엄마의 편에 서서 든든한 지지와 격려로 응원해준 아들과 딸, 또 하나의 딸이 된 며느리와 지혜롭고 사랑스러운 손녀, 그리고 선물처럼 다가온 사위 역시 믿음직한 아들로 내 곁에 있다. 힘겨운 시간을 견딜 수 있었던 것도, 열매를 거두는 기쁨을 몇 배로 키울 수 있었던 것도 모두 이들이 있었기 때문이다.

보고 싶은 하늘에 계신 아버지와 어머니께 감사드린다. 변함없는 사랑으로 바르고 성실하게 살아야 함을 일깨워주신 두 분의 가르침을 따라 살려고 애쓰다 보니 여기까지 왔다. 깊은 밤, 새벽녘까지 글을 쓰면서 나는 매 순간 아버지와 어머니를 찾았다. 어린 딸이 잠든 사이 꿈속에 훠이 다녀가신 아버지의 간절한 바람이 나의 앞길을 밝혀주었음을 나는 이제야 안다. 철부지 시절 미처 알지 못했던 아버지의 사랑이 오십 년의 세월을 건너 가슴을 타고 흘렀다. 가슴 에이는 어머니의 사랑은 늘 나와 함께였다.

어린 시절, 어머니는 내가 숙제라도 해갈 양으로 끈질기게 무언가를 해내면 늘 이렇게 축원하셨다.

"우리 막둥딸, 나중에 크면 이름 가진 거 하나 기어이 하고야 말지! 아무렴!"

그 말씀이 늘 귓가에 쟁쟁해 새벽을 맞도록 글을 썼다. 나는 염원한다. 내 간절한 감사와 존경이 하늘로 전해져 그분들이 기쁘게 받아주시기를.

처음으로 책을 내고 글을 쓰는 과정이 서툴렀기에 나는 선세영 편집자와 자주 통화하고 종종 만남을 가졌다. 나의 이야기를 글로 전하기 위해 대화를 나누다 보니 마음을 나누게 되었고, 인간적인 교류도 깊어졌다. 보이지 않는 곳에서 지지해준 편집자의 손길과 부족한 글임에도 출판의 기회를 주신 위즈덤하우스에 지면을 빌려 감사를 전한다.

마지막으로 이 긴 이야기를 끝까지 읽어주신 독자에게도 깊이 감사드린다. 혹시 오늘의 삶이 버겁고 길이 보이지 않아 고개를 떨군 순간이라면, 잠시 하늘을 올려다보길 바란다. 오늘도 우리를 환히 비추는 별은 그 자리에 있다. 이 글이 그 사실을 떠올리게 하는 작은 불빛이 되기를, 그리고 그대가 다시 걸음을 옮길 수 있는 힘이 되기를 마음을 다해 응원한다.

인생을 건 공부

초판 1쇄 인쇄 2026년 1월 30일
초판 1쇄 발행 2026년 2월 11일

지은이 임정열
펴낸이 최순영

출판1 본부장 한수미
와이즈팀
편집 선세영
디자인 정명희

펴낸곳 ㈜위즈덤하우스　**출판등록** 2000년 5월 23일 제13-1071호
주소 서울특별시 마포구 양화로 19 합정오피스빌딩 17층
전화 02) 2179-5600　**홈페이지** www.wisdomhouse.co.kr

ⓒ 임정열, 2026

ISBN 979-11-7591-031-7 03190